如何出版一本学术专著

高　栋　刘雅娜　张　君　著

中国财富出版社有限公司

图书在版编目（CIP）数据

如何出版一本学术专著 / 高栋，刘雅娜，张君著. — 北京：中国财富出版社有限公司，2021.12

ISBN 978-7-5047-7641-9

Ⅰ.①如… Ⅱ.①高… ②刘… ③张… Ⅲ.①出版工作—基本知识 Ⅳ.①G23

中国版本图书馆 CIP 数据核字（2022）第 004850 号

策划编辑 张彩霞　**责任编辑** 张红燕　郭　玥　**版权编辑** 李　洋
责任印制 尚立业　**责任校对** 张营营　**责任发行** 杨恩磊

出版发行 中国财富出版社有限公司
社　　址 北京市丰台区南四环西路 188 号 5 区 20 楼　**邮政编码** 100070
电　　话 010-52227588 转 2098（发行部）　010-52227588 转 321（总编室）
010-52227566（24小时读者服务）　010-52227588 转 305（质检部）
网　　址 http://www.cfpress.com.cn　**排　　版** 北京贝壳互联科技文化有限公司
经　　销 新华书店　**印　　刷** 宝蕾元仁浩（天津）印刷有限公司
书　　号 ISBN 978-7-5047-7641-9/G・0767
开　　本 880mm×1230mm　1/32　**版　　次** 2022 年 7 月第 1 版
印　　张 6.125　**印　　次** 2022 年 7 月第 1 次印刷
字　　数 95 千字　**定　　价** 68.00 元

如何出版一本学术专著

徐光书

FOREWORD / 前言

学术出版作为出版三大门类中非常重要的一类，承担着记录和传播人类学术研究成果，促进学术交流，推动学术创新的重要功能。在当今世界以科技竞争为主的宏观背景下，我国的学术研究也逐渐进入高潮，每年都会有大量的学术研究成果需要出版，但是大多数学者并不了解学术著作出版的专业要求和特点，导致在撰写著作的过程中出现很多问题，在出版著作时走了很多弯路，学者们在耗尽心力取得了突破性学术研究成果之后，还需要花费很多额外的时间和精力修改稿件的基本错误、联系如何出版等。

笔者多年来一直从事学术出版工作，每天都会接到专著作者提出的各种关于出版事宜的咨询，逐渐发现其中大部分问题并不复杂，也不需要专著作者像编辑一样对学术出版有深刻的认知，只要专著作者能在计划出版之前对一些常识性的出版知识有所了解，就会在后续的工作中省去很多麻烦。但是笔者寻遍丛书，也没找到一部以专著作者为读者对象来介绍如何出版一本学术专著的书籍，所以结合自身的工作经历及大量的案例，整理撰写了本书，以期对专著作者有所帮助。

本书结构清晰，文字通俗，以学术出版中的实际问题为单元，穿插些许拟人化的幽默表达方式。前半部分主要介绍学术出版的常识，比如出版的流程、注意事项等，后半部分主要介绍学术书稿的常见错误，比如层级、标题、参考文献等，并配以简单的图画，意在使读者阅读文字时能够大致还原对应的场景，从而更容易理解某些出版知识。本书没有通过长篇大论占据读者很长的阅读时间，而是希望通过较短的时间，能够直截了当地为专著作者在写作前或出版前提供一个类似指导手册式的帮助。读者可以从前往后按页码顺序阅读，也可以在遇到问题时有针对性地查找相应的章节，从而节省出时间和精力。

本书写作与出版过程中受到了许多领导、老师和朋友们的鼓励与支持，在此特别感谢中宣部原副部长、国家广电总局原局长徐光春先生为本书题写书名，河南省第十二届人民代表大会教育科学文化卫生委员会副主任委员白建国先生对全书内容进行指导，北京理工大学机械与车辆学院副院长宫琳先生为本书作序，中国财富出版社张红燕副社长和张彩霞主任在本书的出版过程中给予的大力支持。

PREFACE / 序

高栋是我三十多年的好友了，他一直在出版界工作，有非常丰富的出版经验。去年在出版我个人的学术著作时，给予了我很多指导和帮助。这次有幸读到他的这本书，里面有很多经验之谈，我想，如果能早点儿看到，我自己也会少走不少弯路。

每一个做研究的人，无论是教师、科研人员，还是其他的科技工作者，都会非常希望把自己的知识、成果凝结成一本著作。然而，对于很多人来说，解决了科研的关键问题之后，对如何出版著作，往往一头雾水。这本书内容精练实用，梳理汇总了出版学术著作过程中的关键问题，能够给我们很多引导并帮我们解惑。

我非常诚挚地向所有的科研人员甚至是刚刚毕业

的博士们推荐这本著作。我想，这本书一定可以在大家出版学术生涯的第一本甚至更多本著作的过程中，为大家答疑解惑、指引导航。

北京理工大学机械与车辆学院副院长

宫琳

2021年12月

CONTENTS / 目　录

CHAPTER 01

第一章

认识学术专著

1. 什么是学术专著

学术专著是相对普通图书的一种叫法。国家科学技术学术著作出版基金委员会在《国家科学技术学术著作出版基金资助项目申请指南（2008年度）》中对学术专著的定义是：作者在某一学科领域内从事多年系统深入的研究，撰写的在理论上有重要意义或实验上有重大发现的学术著作。所谓“专著”，指就某方面加以研究论述的专门著作。从内容来说，专著是对某一知识领域所做的探索，是新的学术研究成果。它是属于某一学派或专业的一家之言，并以本专业的专家学者、研究人员及学生为主要读者对象，从形式来说跟其他图书无明显差别。

2. 为什么要出版学术专著

出版是一件非常专业的事，虽然现在媒体的形式多种多样，人们不再依赖纸质图书作为获取信息和知识的主要渠道，但是能够出版一本图书，对于作者来说意义还是很大的。

对于读者来说，相比网络媒体，通过阅读一本图书，所获取的信息和知识更具有系统性和严肃性，其专业深度远远超过碎片化获取的信息和知识。对于作者来说，不论是专业学者还是文学爱好者，写作的过程本身就是对自己研究的内容和思想的一种梳理和深化，能够获得本专业编辑的认可从而正式出版图书，也表明了官方对其研究或思想的认可。一本书的正式出版，代表了作者本人的研究成果或者思想能够正式在社会中传播。从成本角度来说，信息爆炸使人们能够轻松地从网络上获取大量的免费信息，但随之带来的是筛选和鉴别成本也大大增加。而一本专业著作能为读者减少大量的筛选时间，使读者在当下快节奏的工作生活中节省很多时间成本。

同时学术专著出版对作者或者作者团队来说也有更现实的意义。比如科研成果的总结与发表，个人研究成果的积累和评定，同行间的学习与借鉴等。随着学术专著出版数量的逐年上升，学术专著的水平也在不断提高，这必然会在一定程度上促进科技进步，为国家发展和民族复兴做出自己的贡献。

3. 哪些内容是不能出版的

国家对于不能出版的内容有着清晰的规定，作者往往对此有些概念但却不清楚其边界。有些内容作者可以发表在自媒体账号下，但是在正式出版物中就无法使用。所以，在准备正式出版一本专著前，必须要清楚国家禁止出版的内容都有哪些。

在《出版管理条例》中对此有明确的说明：

（1）反对宪法确定的基本原则的；

（2）危害国家统一、主权和领土完整的；

（3）泄露国家秘密、危害国家安全或者损害国家荣誉和利益的；

（4）煽动民族仇恨、民族歧视，破坏民族团结，或者侵害民族风俗、习惯的；

（5）宣扬邪教、迷信的；

（6）扰乱社会秩序，破坏社会稳定的；

（7）宣扬淫秽、赌博、暴力或者教唆犯罪的；

（8）侮辱或者诽谤他人，侵害他人合法权益的；

（9）危害社会公德或者民族优秀文化传统的；

（10）有法律、行政法规和国家规定禁止的其他内容的。

大多数作者都会想当然地觉得，以上十条这么明显的问题自己的作品肯定没有。但结合具体内容和实际工作中遇到的案例分析，在涉及少数民族、宗教、国际关系和国际政治的作品中，不知不觉就会出现以上十条中所列的某一条或某几条内容。需要备案的选题虽然可以出版，但相较于不涉及此类内容的选题而言出版难度会很大，周期也会延长。具体原因会在“重大选题备案是什么意思”中详细说明。

国外的出版管理

18世纪后，西方国家陆续实行出版登记制。登记制是西方国家目前普遍采用的出版单位创立管理制度。出版机构成立时向政府有关部门申报登记，无须行政审批、审查，但成立后须照章纳税。例如：美国对创办出版公司的要求和其他企业一样，要求到经济管理部门登记，遵守税务及工商管理方面的有关规定。美国各地都可以登记成立出版公司，没有全国统一的登记处所。英国政府在伦敦设有出版登记所，负责全国的出版公司登记工作。法国对出版单位的成立管理也实行登记制度。在法国设立出版企业，和其他企业一样，没有专门的政府机构和法律进行管理约束，而只需按照普通法要求的程序办理。俄罗斯新闻出版部负责管理全联邦的各种新闻媒体，负责新闻媒体的注册登记，进行法律上的监督，但不干预新闻媒体的业务。

西方国家政府中基本没有专门的出版管理机构。这些国家的政府对出版的管理主要是通过财政拨款、税收政策及立法程序来实现。对于出版物内容的管理，目前大多数西方国家采用追惩制，即事后处罚的出版管理制度。出版物在出版发行前不受限制，政府管理机构不做干预。出版物在出版发行后，有关机构审读样本，或者接受社会舆论监督，发现违法行为，政府有关机构依法惩处。

4. 学术专著与论文的区别

学术专著与论文都是研究成果的载体，但还是有显著区别的。首先是字数不同，学术专著篇幅一般比论文长，因为其需要系统地表述作者的理论、观点或研究过程及结论，所以普遍为10万~20万字，如果字数太少，很多内容可能会表述不完整。其次是格式不同，学术专著要符合图书出版的标准和格式要求，包括封面、扉页、版权页、正文、参考文献等要素。论文则不要求全部具备。最后是出版单位不同，学术专著由出版社负责出版，论文由报社或期刊社负责发表。

5. 学术专著与教材的区别

学术专著与教材“长得”很像，也经常被混淆，但其实二者有明显的区别。一是书名，比如《大学物理教程》和《拉曼光谱学及其在纳米结构中的应用（下册）——纳米结构的拉曼光谱学研究》两者很容易区分，教材的书名中一般含有教材、教程等词，而学术专著的书名中一般含有研究、分析等词并且书名通常会直接体现研究的具体问题或者对象。二是著作方式，学术专著以著、编著为主，因为学术专著以研究内容为主，侧重于创新性，来源主要是个人学术研究、项目或课题成果等；教材著作方式主要以编、主编为主，是教师根据教学实践和学生特点等，将已经成熟的教学内容结合自己的经验进行整理、编辑组合而成。除此之外，学术专著一般可以作为职称评定、项目评比、奖项申报等活动的参评成果，对作者及著作团队有加分的作用，教材在这方面的作用则相对较小。

6. 博士论文能作为学术专著出版吗

博士论文是可以作为学术专著进行出版的。一篇博士论文的字数基本达到了一本学术专著对字数的要求（博士论文的字数普遍在10万字左右），但是需要从书名、结构和文字表述等方面进行一些有针对性的调整，使其符合图书出版要求。

1）书名。学术专著的书名需要准确、精练并突出主题，能体现相应的研究内容。博士论文的题目与学术专著相比专业划分更细，内容相对更深奥。学术专著通常会用一个较通俗的正书名搭配一个相对专业的副书名，组成一个完整的书名。例如《景观化叙事——影视作品中的浙江形象建构》《空间改造与设计——辽宁老旧厂房改造体育场地设施研究》。

2）结构。学术专著的结构与博士论文的结构不同之处在于学术专著属于正式出版物，需要具备符合出版标准要求的内容，如作者简介、内容提要、版权页、CIP、书号、书眉等。博士论文的目录通常包含研究意义和背景、文献回顾、方法介绍或搭建模型、数据分析、结论等。专著的目录则更详细和具体，学术专著需要作者提供能够反映主题内容的篇名、章名、节名，准确传达各个层次之间的关系和相应的信息。

例如：

第一篇 后现代西方修辞学的创意：思想认知及表达

第一章 修辞学特质：后现代主义的核心与灵魂

第一节 西方修辞学的特质

第二节 修辞学复兴、新修辞学、修辞学转向与后现代主义

第三节 修辞文本写作与后现代去语音中心论

……

第二篇 后现代西方修辞学的风格：修辞操作及表现形式

第一章

……

各篇、章、节之间的标题要在结构、风格上相对统一，层级结构前后要基本保持一致。

3）文字表述。要注意区别于政府工作报告用语，也不要过度口语化。尽量保持客观中立，避免带

有强烈的价值倾向和判断，并且符合出版导向要求。文字表达要准确，无文字、标点符号、图表等错误，语句通顺，符合相关语法。如果博士论文或者课题成果准备以图书的形式出版，那么关于“本文”“本课题”等论文式、课题式的表达用语也要修改为“本书”“本研究”等图书用语。另外，学术性问题和导向性问题也是学术专著中需要特别注意的。学术专著须避免抄袭、剽窃、篡改他人学术成果，伪造或者篡改数据和文献，捏造事实等不端行为；学术出版要注意社会中的相关禁忌，关注政策，遵守法律法规、保密条例，尊重民族和宗教习惯等。

7. 我想翻译一本学术专著该怎么出版

翻译外国学术专著也是一种常见现象。比起撰写中文专著，译著在版权办理流程上要花费更多精力和资金。通常如果作者有了确定的翻译目标，首先需要了解这本专著在国外是否正式出版。如果已经出版，是否可以授权在中国境内翻译并出版。其次需要与国外的出版机构或原著作者进行联系（如通过电子邮件等），确认是否可以在中国境内出版，对方同意后方可办理版权引进手续。译者可直接联系国外的出版社洽谈引进版权的事宜，也可以委托国内出版单位或者版权代理公司办理。费用会因所翻译图书不同而存在差异，大体规律是该书关注度越高费用越高，反之亦然。具体操作方式可以通过网络搜索找到外文原版图书的出版社官网，在官网中的相关授权栏目中可以了解该社的版权授权途径和流程。有的是填写官网上提供的相关表格，有的是发送电子邮件，也有一些直接引导到版权代理机构，译者只需要按照官网的指引一步步操作即可。如果获得的回复是允许（available），那么恭喜你，这本图书是可以翻译的，后续会有进一步的程序；如果获得的回复是不允许（unavailable），很遗憾，译者只能再去寻找其他的翻译对象了。

版权引进需要一定的时间，办理完成后，译者可以和国内出版机构签订出版合同，并开始翻译，翻译完成后的流程就与出版中文专著基本一致了（见图1）。

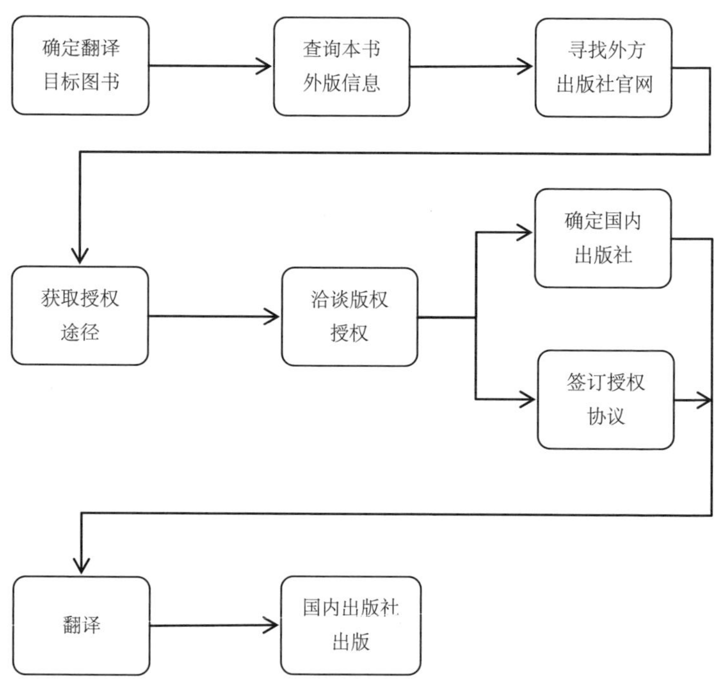

图1 译著出版流程示意图

国外的版权管理

国外一般都设有专门的机构，负责版权管理事务。例如：美国政府设置了庞大的版权登记和管理机构，即版权局，它是美国国会图书馆的一个下属机构，也属于美国政府立法机关的一个组成部分。在美国的立法部门中还成立了独立的版税裁判所，是美国解决版权纠纷的机构，其宗旨是对版税率的调整以及有关交付版税的合理条件和比率问题做出裁决。

CHAPTER 02

第二章

学术专著的前期准备

8. 出版学术专著前应弄清楚哪些问题

出版学术专著的目的如仅是作者自用，只需了解该专著在哪些出版社可以出版。如出版学术专著的目的是成果发表、申报评奖或职称评定等，则需要了解学校或评定机构的相关规定。

首先，需要了解学校或评定单位对出版社的要求。某些学校或评定单位会对出版社的级别有要求，例如，根据影响力划分是一级出版社还是二级出版社等；根据隶属单位不同，划分为国家级出版社、省级出版社和大学出版社等；是由国家新闻出版总署评定的全国百佳出版社还是非百佳出版社。有些学校或评定单位会发布指定出版社列表，甚至还有没做具体划分，只要是国家正规出版机构即可的。其次，要了解学校或评定单位对著作方式的要求，比如对著、合著、主编或参编等的相应规定。其余还包括对出版时间、专著字数等的要求。最后，作者还需要对出版社出版范围有一定的了解，比如医学类著作需要出版社有医学出版资质。民族、宗教、政治、国际关系及军事等都属于专业性很强且比较敏感的选题，出版这类专著，最好事先对宏观政策及导向有深入的了解，同时在内容上严格把关，然后再选择以这些专业为主要出版领域的出版社，这样才能事半功倍，使图书更早问世。

9. 出版社有分级吗

国家新闻出版总署在2008年曾经出台过一个出版社等级评估办法，并在2009年根据这个办法公布过一次“全国百佳出版社”名单，但是该办法在2019年已经废止了，具体文件见图2、图3。

目前对出版社的分级主要是地方、学校或科研单位根据自身学术出版要求划分的，仅在本单位范围内有效。笼统地说出版社隶属单位是国家机关或国家部委的可以称为国家级出版社，隶属单位是地方政府的可以称为地方级出版社，隶属单位是大学的可以称为大学出版社。而一级出版社、A类出版社等的划分主要是各单位结合出版社的品牌影响力或专业影响力来确定的，并没有统一明确的标准。例如，社科类的一级出版社，在科技类中可能就变成二级或三级了。

中华人民共和国中央人民政府
www.gov.cn
简 | 繁 | EN | 注册 | 登录
国务院 总理 新闻 政策 互动 服务 数据 国情 国家政务服务平台
首页 > 国务院公报 > 2020年第8号
收藏
【字体：大 中 小】 【打印页面 打印文档】

新闻出版署关于废止35件规范性文件的决定

国新出发〔2019〕38号

各省、自治区、直辖市新闻出版局，中央军委政治工作部宣传局：

为贯彻落实《法治政府建设实施纲要（2015-2020年）》，国家新闻出版署对现行新闻出版领域规范性文件进行了全面清理，决定废止35件，自公布之日起生效。

附件：国家新闻出版署决定废止的规范性文件目录

新闻出版署
2019年11月15日

图2 新闻出版署关于废止35件规范性文件的决定公报截图

25	新闻出版总署	关于下发《新闻出版总署贯彻落实中央两办〈关于加强网络文化建设和管理的意见〉的工作方案》的通知	新出厅字〔2007〕311号	2007-11-9
26	新闻出版总署	关于印发《经营性图书出版单位等级评估办法》的通知	新出图〔2008〕708号	2008-6-17
27	新闻出版总署	关于在中央重点新闻网站试点核发新闻记者证的通知	新出字〔2010〕325号	2010-7-23

图3　新闻出版署关于废止35件规范性文件的决定内容截图

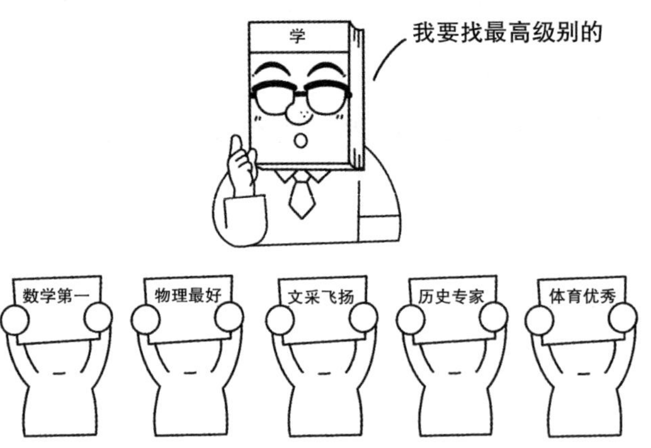

10. 如何与出版单位取得联系

截至2021年，全国共有587家出版社，该联系哪一家呢？如何能联系到它们？作者除了出版社，也会遇到很多出版公司，它们也可以帮助作者出版专著，它们跟出版社有什么不一样呢？二者之间该怎么选？这都是作者必然会遇到的现实问题。

如果作者有充足的时间及精力又比较了解出版信息的话可以直接联系出版社，最简单的方法是在网上搜索目标出版社的官网，查询到电话后直接咨询，对方一般会对作者的需求给予回复，有的还会把具体负责的编辑推荐给作者。但每个出版社基本都有专长的出版领域。如果用上述方法就需要作者逐一联系，找到能接受作者选题的出版社，同时还需要了解各个出版社的流程、要求和周期等细节。

还有一种能大大节省作者时间和精力的方法就

是联系“靠谱”的出版公司，怎么确定出版公司“靠不靠谱”呢？也很简单，只要上网查询一下出版公司的工商注册信息，再咨询一下跟这家公司合作过的同事、朋友就能判断了。很多优秀的图书其实都是出版公司策划出版的，而出版社更多地聚焦于把握出版方向和内容质量。而这些“靠谱”的出版公司多年深耕于出版领域，已经跟众多出版社建立了良好的合作关系，甚至达成了深度的战略合作，帮助出版社挖掘优秀选题、辅导作者写作、协助营销人员发行等，双方

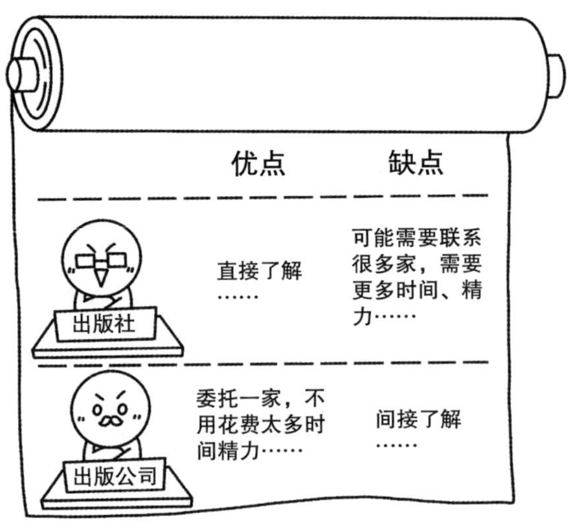

优势互补、各施所长。作者确定与出版公司合作后，只需把需求说清楚，按时提交稿件即可。图书出版公司会帮助作者完成从对接出版社、签订合同到稿件的排版、设计和协助修改等出版流程中的具体工作。

11. 出版一本学术专著的流程是什么

学术专著与普通图书的出版流程基本一致，大体流程见图4，但在某些环节略有差异。

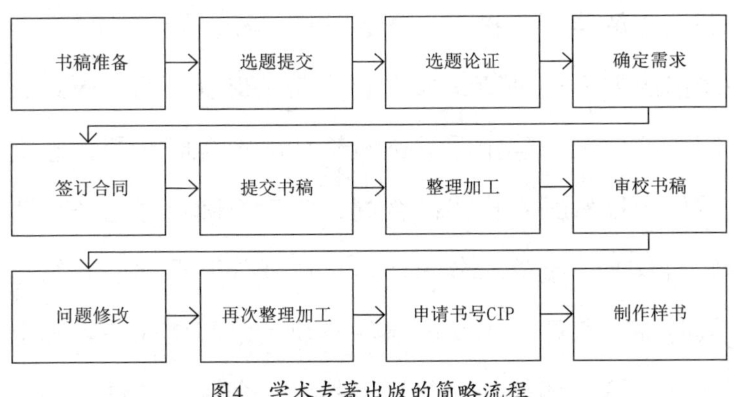

图4　学术专著出版的简略流程

大多数学术专著的出版是由作者本人发起的，所以在选题策划阶段跟一般图书不同，出版社不会进行大规模市场类图书所需的调研、策划等工作。通常是作者已经完成或者基本完成书稿后开始寻求出版。提交选题是出版的第一个必要环节，一般都会要求作者按照出版单位固定的要求准备，包括选题表、图书目录、样章等，有些选题也会要求提交全稿。选题表中主要包括书名、作者、著作方式、作者简介、内容简介、字数、选题价值等信息。然后出版单位会通过选题会的形式进行论证，确定所报选题是否可以出版。评价标准有书稿内容质量、出版价值等方面。如果选题顺利通过，则标志着作者最担心的是否能出版的问题基本解决了。接下来作者就可以和出版单位详细洽谈出版方面的细节，如出版周期、交稿时间、版式、印刷等。细节确定后就进入签订出版合同环节，出版单位会提供固定格式的合同，将双方确定好的条款填好后双方签字盖章各自保存。作者需要根据合同约定按时提交稿件，提交的稿件必须是全部完成并且确定不再大篇幅调整的。然后出版单位会对书稿进行初步的检查、整理使稿件达到审稿要求，如书稿的结构要完整，格式要统一，注释和参考文献格式要正确，语句表达要通顺等。这些要求满足后，安排书稿排版、封面设计等工作并准备审稿。

我国的图书出版审稿实行“三审制”。“初审”一般由责任编辑负责，需要在通读全稿的基础上，对稿件的政治导向、思想倾向和价值、内容、体例、文字等进行全面审查和研究，对稿件的优缺点进行分析、对稿件质量做出实事求是的评价；“复审”一般由编辑室主任（具有正、副编审职称）承担，复审需要在全稿的基础上对初审意见及需要特别注意的部分进行审读并出具意见；“终审”一般由社长、总编辑（具有正、副编审职称）承担，终审重点从宏观角度来审读稿件，把握政策方向，确定思想导向等。审稿后还需要对书稿进行加工整理，修改并校对错误，为了加强质量管理，很多出版社从三次校对增加到四次，有的还增加了质检环节。出版单位审稿工作完成后，会把书稿返回到作者手中，作者需要按照审稿意见仔细修改，然后出版单位会将书稿重新整理，校对无误后准备发稿。发稿后由总编室负责登记并申请书号和CIP，书号和CIP是由国家新闻出版署负责发放，书号和CIP是正式出版物的标志，鉴别一本书的真假或是否出版可在中宣部出版物数据中心网站查询。

获得书号和CIP之后，出版单位就会进入印刷环节，并按照合同约定赠送样书给作者，自此一本学术专著的出版就全部完成了。

12. 重大选题备案是什么意思

笔者最近遇到一位作者，是研究国际政治的专家，刚刚完成一本研究阿富汗政治与宗教方面的专著，在联系出版的过程中，得到的答复都是需要先进行“重大选题备案”，这位专家感到不明所以。其实我国有两种审稿制度，上文中提到的“三审制”是出版单位内部实行的审稿制度，还有一种是国家进行出版管理的审稿制度，通俗来说就是当一个选题涉及重大、敏感等问题的时候，其稿件必须送交国家有关部门审读。虽然从程序上没有问题，但是就上述选题来说，一旦进行“备案”，则意味着稿件必须首先提交外交部或者宗教局等，由这些部委组织专家进行评审，其出版难度和所需时间可想而知。所以从作者的角度来说，最好避开会被列入重大选题的内容。下文列出了图书、期刊、音像制品、电子出版物重大选题备案办法中需要备案的情况。

第三条　本办法所称重大选题，指涉及国家安全、社会稳定等方面内容选题，具体包括：

（一）有关党和国家重要文件、文献选题。

（二）有关现任、曾任党和国家领导人讲话、著作、文章及其工作和生活情况的选题，有关现任党和国家主要领导人重要讲话学习读物类选题。

（三）涉及中国共产党历史、中华人民共和国历史上重大事件、重大决策过程、重要人物选题。

（四）涉及国防和军队建设及我军各个历史时期重大决策部署、重要战役战斗、重要工作、重要人物选题。

（五）集中介绍党政机构设置和领导干部情况选题。

（六）专门或集中反映、评价“文化大革命”等历史和重要事件、重要人物选题。

（七）专门反映国民党重要人物和其他上层统战对象的选题。

（八）涉及民族宗教问题选题。

（九）涉及中国国界地图选题。

（十）反映香港特别行政区、澳门特别行政区和台湾地区经济、政治、历史、文化、重要社会事务等选题。

（十一）涉及苏联、东欧等社会主义时期重大事件和主要领导人选题。

（十二）涉及外交方面重要工作选题。

有关重大选题范围，国家新闻出版署根据情况适时予以调整并另行公布。

13. 书号是什么

如果把一本书想象成一个人的话，书号相当于一本书的身份证，英文缩写为ISBN（International Standard Book Number），是由国家发布的一本书的终身代码。最直观的就是书的封底的条形码和数字，由国家新闻出版署分配给各个出版社。国内的书号还在书的第二页（一般在扉页的背面）配有CIP数据，该页也称为版权页。这是在国内出版图书时不可缺少的数据。如果没有就成了内部资料，内部资料是不允许定价和销售的，否则就是非法出版物。

ISBN由13个数字组成，分为长短不一的几部分，以图5中的978-7-5047-7641-9为例。第一部分978代表图书产品（跟期刊等其他出版物区分），第二部分7代表中国，第三部分是出版社代码，代表某一出版社，5047是中国财富出版社的代码，第四部分7641代表书序号，也就是中国财富出版社出的编号为7641号书，最后一位9是校验码。

图5　书号（ISBN）条形码示例

14.CIP是什么

如果书号是一本书的身份证，那么CIP就好比一本书的户口档案，里面记录的是这本书最关键的信息。CIP是英文Cataloguing In Publication的缩写，翻译成中文就是“图书在版编目”。它由4个部分组成，依次为：图书在版编目数据标题、著录数据、检索数据、其他注记。一般会印刷在图书主书名页背面的版权页上部（见图6）。

图书在版编目（C I P）数据

如何出版一本学术专著 / 高栋, 刘雅娜, 张君著
.-- 北京：中国财富出版社有限公司, 2021.12
ISBN 978-7-5047-7641-9

Ⅰ. ①如… Ⅱ. ①高… ②刘… ③张… Ⅲ. ①出版工作—基本知识 Ⅳ. ①G23

中国版本图书馆 CIP 数据核字(2022)第 004850 号

图6　图书在版编目（CIP）数据示例

CIP是由出版社提交申请，国家新闻出版署负责发放，所以申请、审批过程需要一定的时间。另外，有些作者在出版单位申请CIP之前会收到其发来的表格，要求作者确认CIP信息，其中包括书名、作者等，这个表格非常重要，作者一定要认真核实，一旦确认后就不可更改。最后还有一点需要注意，如果是三位以上作者，CIP信息中只能显示第一位作者的姓名，其余的作者以“等”字代替；如果著作方式是主编或者编的，仅显示第一主编名字，其余主编以等字代替，同时副主编、编委会成员都不显示。

15. 著、编著、编有什么区别

我们通常看到不同的书的作者名字后面有“著”“编著”和“编”，同样是写了一本书，为什么分为“著”“编著”和“编”呢？根据中国财富出版社作译者手册中的说法，书稿中的主要观点、技术内容、素材等均来自著作者的研究成果，并有证明材料的方可称为“著”；书稿中的主要观点、技术内容、素材等虽来自他人，但著作者有所创新，并用自己的观点、素材有所发挥的称为“编著”；以收集他人的著作、资料等编纂成书稿的方式称为“编”；“著”“编著”和“编”的区别可以通俗地理解为书稿中作者原创内容的比例。通常情况下，原创内容占整本书的70%以上的，就可以称为著，最有名、最有代表性的如四大名著：《红楼梦》《西游记》《三国演义》《水浒传》，这些书都属于原创，著作方式都是

“著”。原创内容占整本书的30%～70%，有一定比例的内容是引用、借鉴的，著作方式为“编著”。原创内容占整本书30%以下的，大多数内容都是引用或借鉴他人的，著作方式为“编”。刚才提到的四大名著，我们经常看到通俗易懂的儿童白话文版的，在原著作者后面，会看到新的作者名字，后注明的都是编或主编等。

另外还有主编、副主编、编委会等，一般比较大型的书或丛书会有这些名称，主编通常是在这些出版物中主持编辑事务者的称谓。大型的丛书，如百科全书之类，主编之外还配备若干名助手，可以称为副主编，这些助手按照署名顺序称为第一副主编、第二副主编等，副主编之下有的还设编委会。

16. 怎么给我的专著起书名，书名有哪些要求

一个好的书名不仅有利于该书的推广和发行，更重要的是对快速通过选题申报起着至关重要的作用。学术专著的书名并没有严格的规定，但是可以从图7的例子一眼分辨出来。

图7　书名对比示例

图7中的两本书，从书名来看，一本是普通读物，另一本是学术专著，其差别还是显而易见的。学术专著书名有以下几个特点：一是学术性强。书名能够体现研究内容或学术脉络，比如《改革开放以来云南省县域产业结构与经济增长研究》。二是主题突出。聚焦于所研究领域，比如《李白古体诗研究》《我国古代图书馆与文化传承》。三是文字精练。去除不必要的词语，比如《城市互联网智能配送研究》《区块链真相50讲》。四是表达准确。书名应当准确无歧义，精准传递作者所要表达的意思并做到所传达的信息没有歧义，如《当代中国马克思主义的世界眼光》《重新

审视俄罗斯白银时代的文学批评理论》。五是非“速食”性。学术专著不是速销品，书名中最好能够去除时效影响因素，比如《媒介素养研究2018》，最好改为《媒介素养研究》。

17. 什么是从书名、正书名和副书名

从书名是按一定目的将各种著作汇编成一套书所起的名字。形式有综合型、专题型两类，例如：“理学丛书”中每一本（套）书都有单独的书名。

正书名，指图书具有副书名情况时，排列在前面的、起主导作用的书名，字体一般都要大些；副书名，是对正书名内容作进一步说明而又不是独立存在的书名，字体一般要小一些，正副书名之间常用破折号区分。如图8所示的这本书，正书名是“词项的语境敏感机制”，读者一眼就能明白这本书的主题，副书

名是“对温和语境主义的一种辩护策略”，进一步解释了这本书的内容。

图8　封面示例

有些作者在正副书名中间使用了冒号，严格来说冒号后面也属于主书名。在CIP数据中，会出现副书名显示不出来的情况。如对正副书名有严格要求的作者需要认真区分。从图8能直观地看到封面中的正副书名的格式，图9是CIP数据中正副书名的格式。这里有一点需要注意，CIP中的正副书名中间是冒号，这不是正副书名中间的符号弄错了，而是在CIP的格式中统一用冒号替代了破折号。

图书在版编目（C I P）数据

词项的语境敏感机制 ：对温和语境主义的一种辩护策略 / 马欣欣著. — 北京 ：中国财富出版社，2018. 12
ISBN 978-7-5047-6374-7

Ⅰ. ①词… Ⅱ. ①马… Ⅲ. ①语义学—研究 Ⅳ. ①H030

中国版本图书馆CIP数据核字(2018)第298872号

图9　CIP示例

18. 学术专著的结构有什么要求

学术专著的结构跟普通图书一样，包括封面、书名页、正文、辅文四个基本部分，每个部分还有更细分的内容，具体可见图10。

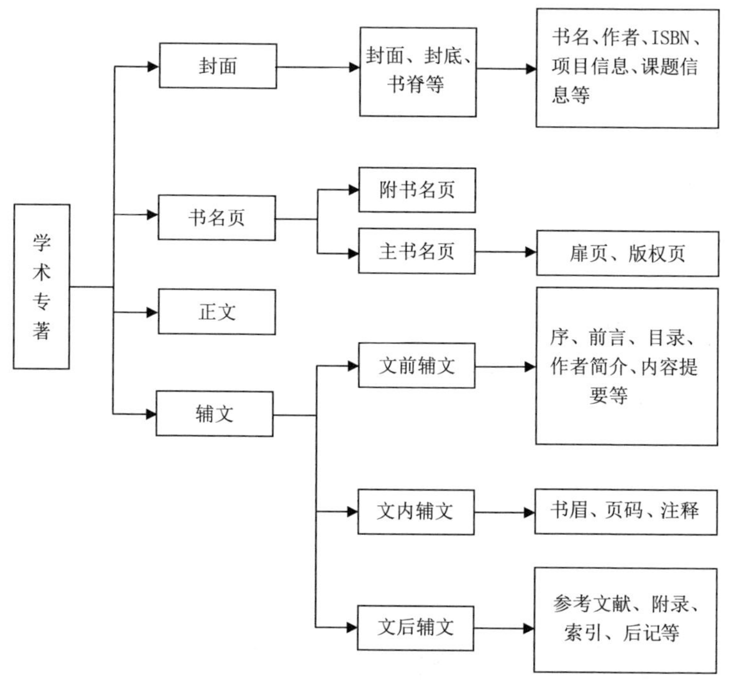

图10　学术专著结构图

如果一本学术专著内容很多，需要注意各章之间篇幅的均衡，特别是需要分篇来论述时，各篇之间要尽量避免某一篇内容过多，而其他篇内容过少的情况，以免一眼看上去头重脚轻或头轻脚重。具体到正文结构，通常学术专著会有前言、绪论、背景论述、其他学派研究成果分析比较、作者提出的理论（主张、观点、模型）、实证数据（调查资料、数据等）分析、案例分析、后记、参考文献等相对固定的格式。

学术专著的结构完整性非常重要，作者在提交书稿时可以按照表1进行检查，保证书稿的完整性。

表1 学术专著内容完整性检查表

序号	名称	是否必须
1	书名	是
2	作者姓名	是
3	著作方式	是
4	项目信息	否
5	内容提要	是
6	作者简介	是
7	序/前言	可择其一，也可均有
8	目录	是
9	正文	是
10	后记	否
11	索引	否
12	附录	否
13	参考文献	如有借鉴必须有

19. 学术专著与一般图书的写法有区别吗

学术专著注重学术研究与成果总结，写法上更需要严谨、准确，注重事实与数据，文字表达不需要像文学作品一样过多考虑艺术性，但需语句通顺，无语法和知识性错误，避免文字和标点符号错误。自然科学类的专著还需要作者正确地使用各类科学符号和公式，对所引用的数据、表格、图片严格核实，避免错误。对于使用的各类数据、模型或实验、调研结果要有合理授权，避免抄袭。

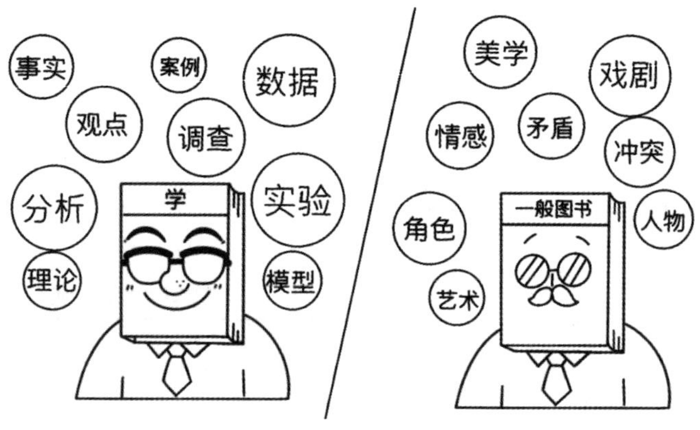

CHAPTER 03

第三章

作者应该知道的一些出版知识

20. 什么是申报选题

申报选题是判断一个选题是否能被出版单位采纳的第一步，通过申报选题的结果，就能回答作者都会问的一个问题："这本书能不能出版呢？"申报选题通俗来说就是向出版单位提供计划出版书籍的基本信息，以便确认能否出版的过程。

出版单位对收到的选题或者稿件要进行集中讨论，一般是以选题会的形式来进行。有的出版单位每周会召开一次选题会，有的每月召开一次，遇到特殊情况也会延期。会议上，各编辑部门会提交所收集到的选题，社长、总编辑、各编室主任、策划编辑、发行人员等都会参加，集体讨论后确定哪些选题可以通过。

选题基本信息对能否顺利出版至关重要，基本信息包括书名、作者的情况、所写内容的概况、与市场同类选题的差别等。为了方便作者总结，大多数出版单位都规定了选题基本信息的固定的格式，称为选题信息申报表，简称为选题表。

21. 选题表长什么样

选题表提取了书稿的基本信息，是为了便于编辑了解选题、提交选题会讨论使用，选题表也是后期签订合同的参考资料。选题表由出版单位自行设计、提供，所以不同出版单位的模板会有差异，但是其中的关键信息都是一致的，包括书名、著作方式、字数、作者简介、内容提要等（见表2），大部分出版单位还要求附上目录和样章，特别情况需要提交全稿。

表2　选题表示例

选题名称				选题级别	
丛书套书名称				是否教材	
上架类别		预计印张		预计定价	
读者定位		开本、装帧		预计出版时间	
编辑室名称		策划编辑		责任编辑	
1.特殊约定	出版条件或要求？				
2.主要内容	写什么？				
3.选题立意	解决什么问题？				
4.读者对象	为谁写？				
5.作者简介	找谁写？				
6.同类书分析	有什么不同？				

续表

<table>
<tr><td>7.市场分析</td><td colspan="2">能卖多少？</td><td colspan="5"></td></tr>
<tr><td>8.成本概算</td><td colspan="2">投入产出多少？</td><td colspan="5"></td></tr>
<tr><td rowspan="3">9.特色卖点（投入多少创意？）</td><td colspan="2">内容编写方式（提升读者阅读价值）</td><td colspan="5"></td></tr>
<tr><td colspan="2">正文编排形式（提升读者阅读便利性）</td><td colspan="5"></td></tr>
<tr><td colspan="2">装帧形式特点（提升读者购买吸引力）</td><td colspan="5"></td></tr>
<tr><td rowspan="8">10.市场营销（怎样卖？）</td><td colspan="2">提炼图书营销卖点</td><td colspan="5"></td></tr>
<tr><td colspan="2">上市时间、渠道建议</td><td colspan="5"></td></tr>
<tr><td rowspan="6">营销建议</td><td rowspan="6">宣传建议</td><td colspan="2">主题宣传词</td><td colspan="3"></td></tr>
<tr><td colspan="2">新闻点（宣传时机与社会背景）</td><td colspan="3"></td></tr>
<tr><td rowspan="3">媒体选择</td><td>平面媒体</td><td colspan="3"></td></tr>
<tr><td>广播电视</td><td colspan="3"></td></tr>
<tr><td>互联网络</td><td colspan="3"></td></tr>
<tr><td colspan="2">是否写书评</td><td></td><td>是否做海报</td><td></td></tr>
</table>

续表

<table>
<tr><td rowspan="5">10.市场营销（怎样卖？）</td><td rowspan="5">营销建议</td><td rowspan="3">宣传建议</td><td rowspan="3">主要宣传活动</td><td colspan="3">新闻发布会（时间、地点、人员）</td><td colspan="5"></td></tr>
<tr><td colspan="3">宣传推广会（时间、地点、人员）</td><td colspan="5"></td></tr>
<tr><td colspan="3">其他活动（时间、地点、人员）</td><td colspan="5"></td></tr>
<tr><td rowspan="2">读者分布</td><td>地区分布</td><td>发达地区</td><td>次发达地区</td><td>欠发达地区</td><td>行业分布</td><td>专业技术人员</td><td>管理人员</td><td>院校师生</td><td>大众读者</td></tr>
<tr><td>销售比例</td><td></td><td></td><td></td><td>人员比例</td><td></td><td></td><td></td><td></td></tr>
</table>

22. 作者简介怎么写

对作者简介的内容要求会随着出版政策的变化调整。一般来说，作者简介所需要的是能表明作者个人情况的真实信息，比如姓名、性别、年龄/出生日期、所在单位和职位、研究方向、研究成果或获奖情况、已出版专著或论文情况等。目前除上述信息外，还需明确作者的国籍、政治面貌等信息。总体字数200字左右，不需要过多的文字修饰。如果需要放在书中，除文字之外也可以附上作者近期的生活照片。学术专著中作者简介一般放在正文前，也可以放在封面勒口处。

表3可帮助作者迅速了解作者简介的主要内容结构，有些内容没有可以略过，各项内容准备好后整理成一段话即是一个合格的作者简介。

表3 作者简介内容表示例

序号	内容	举例
1	姓名	刘邦
2	性别	男
3	出生日期	公元前250年左右
4	国籍	中国（西汉）
5	政治面貌	不详
6	工作单位	西汉中央政府
7	职务	皇帝
8	学历	不详
9	主要工作经历	历任泗水亭长、沛公、砀郡长/武安侯、关中王、汉王、汉朝开国皇帝
10	主要工作成绩	打败了项羽、建立了西汉
11	发表文章介绍	不详
12	出版著作介绍	不详
13	其他	略

例如：刘邦，字季，别名汉高祖，男，生于公元前256年/公元前247年，卒于公元前195年6月1日，沛郡丰邑（现江苏省徐州市丰县）人。中国历史上杰出的政治家、战略家和军事指挥家，历任泗水亭长、沛公、砀郡长、关中王、汉王、汉朝开国皇帝，主要成绩是打败了项羽、建立了西汉王朝。写出过《大风歌》《鸿鹄歌》等脍炙人口的诗歌，对汉族的发展以及中国的统一有突出贡献。

23. 内容提要怎么写

学术专著的内容提要应体现出学术内容的创新性、研究成果及实用价值。内容提要的文字需要简洁凝练，抓住内容实质，概括准确，让读者在短时间内了解本书的写作目的、学术内容、特点和学术价值等信息，切忌吹嘘。学术内容可以总结为一段话，也可以把目录中的主要章节内容进行总结说明。字数一般控制在300字左右，不需与主题无关的内容或者太过艺术化的表达。内容提要通常会放在正文前，也可以放在书籍封面的勒口处，还有个别情况放在封底。

内容提要举例如下：本书致力于研究高校创新创业教育及实践所需的理念与方法。全书共分九章，包括高校创新创业概述、高校创新创业教育、知识经济发展与创业、创业者与创业团队、创新创业能力的积蓄、创新管理与创新战略、创业机会识别、创业策划、创新企业风险防范与危机管理。书中内容以系统、专业、实用和创新为特色，深入研究了创新创业过程的内在机制，揭示和反映了创新创业活动的一般规律。本书可供相关领域教师、研究人员、学生参考，对此领域感兴趣的一般读者也值得阅读。

24. 如何签订出版合同

图书出版合同通常是出版单位拟定好的制式合同，各出版单位条款差别不大，大体可以分为出版信息、国家法律法规、书稿要求、成书规格和费用、出版周期等几部分。国家法律法规部分都是著作权法中的要求，比如不得含有违反国家统一、主权和领土完整的内容等；书稿要求部分会对双方的责权进行约定，包括书稿的质量、编校的责任和要求、书稿的修改等。这两部分内容作者不用过分解读，只需要遵守及配合就行。对作者而言，比较关键的条款是出版信息、成书的规格和费用、出版周期等部分。出版信息有书名、作者和著作方式等，这部分信息作者务必仔细确认，做到一字不差，同时全面考虑信息是否完整，比如除主书名外有没有副书名、丛书名？有几个作者？顺序是什么？著作方式是著、编著、编还是主编等，这些一旦签订到合同中就具备了法律效力，最终成书的时候要跟合同中的信息完全一致，如果在出版过程中作者提出修改就需要看出版进度是否允许，如果允许还得重新走一遍签订合同的流程，会涉及签订合同所需的双方所有相关人员和部门，非常麻烦；出版周期通常是一个参考时间，代表出版机构平均一本书的出版周期，具体到某一本书的出版周期，还跟书稿质量、作者配合程度、出版社工作的淡旺季等因素有关；成书规格部分会约定成书的开本、印刷的要求等，以上这些信息对于一本专著的顺利出版非常重要，签订合同前作者需要仔细确认。另外有些随合同需要的附件，比如作者的身份证复印件、作者授权委托书，如果书稿中要使用经授权的图片的，还需要相应的授权书等，作者也可以了解一下，出版机构也会提示或发送相应的文件请作者准备。

25. 书稿交给出版社后还能修改吗

作者经常会有这样的疑问，其实这个问题本身也分成不同的情况。

场景一：作者已经完成书稿并提交给了出版单位，编辑已经开始对稿件进行审校。这个时候作者对提交稿件中的有些内容不满意，在没有通知编辑的情况下，自己修改后要求重新提交书稿。这种情况是犯了出版的“大忌”，因为无论在出版规范中还是跟编辑沟通的过程中，出版方肯定会要作者提交“齐、清、定”的最终稿件。所谓“齐、清、定”就是“完整、清晰、确定”的意思。如果此时作者撤换书稿，那么编辑之前的审校工作就白做了，需要重新开始审校。这种情况不仅违反出版工作常识，而且会耽误双方的时间，增加经济成本，最终会影响整本书的正常出版。

场景二：作者已经完成书稿并提交给了出版单位，编辑已经开始对书稿进行审校。这时作者发现书稿中有错别字、错误的公式符号等问题，为了提高书稿在编辑过程中的质量而提出修改。遇到这种情况，作者只要跟编辑说明，一般情况下编辑会在审校过程中更加注意或者提前标注，等书稿审校完之后跟审校过程中发现的其他错误和修改建议一起返回给作者，此时作者可以统一修改。

场景三：作者交稿后没有提出修改，而是编辑在审校过程中发现一些错误，需要作者配合审校意见进行修改。此时作者如果在修改错误的过程中发现了其他明显的错误，也是可以修改的，但前提是需要跟编辑沟通好，明确怎么标识清楚修改的问题，便于编辑后期工作。

除此之外还有其他情况，在此就不逐一说明，总之作者提交终稿前要认真检查确定，一旦提交就避免中间反复调整。

26. 我的书稿还没写完，能先申请书号吗

书稿没有完成是不能申请书号的！如果作者遇到说可以先申请书号的情况，很可能是遇到了骗子，作者需要警惕！我国的图书出版是严格按照“三审制”执行的，申请书号必须要三审完成并出具具体意见后，与书稿等相关资料一并提交国家新闻出版署，由国家新闻出版署审核合格后发放。如果书稿没有完

成，是不可能进行审稿工作的，就更不可能有后续的工作。

27. 编辑应该替作者修改书稿吗

回答这个问题前，首先要明确编辑和作者的工作是不同的！必须先有作者的书稿，编辑才能开始工作。编辑与作者是相辅相成、互相成就的关系。编辑代替不了作者，作者也不必变成编辑。而且编辑是个笼统的称谓，具体有不同的分工。责任编辑是直接对图书内容和质量负责的，会在尊重原稿的基础上帮助作者把握方向、理顺文字、加工润色、找出错误、核对检查。但如果作者说我可以提供素材，需要编辑帮我整理成书，或是书稿质量太差，需要编辑逐字逐句地调整，恐怕作者很大程度是会“碰钉子”的。

CHAPTER 04

第四章

书稿撰写中的常见问题

28. 学术专著的标题和层级有什么要求

标题和层级是学术专著正文的结构框架，代表了作者写作的思路和逻辑，在出版规范上对其有一些基本要求：标题要突出重点、简明扼要，字数控制在十余字；层级要清晰，层级间的逻辑关系要正确，同一层级中的内容多少大致相当。图书标题的类型可以分为章节式、等级式和混合式三种。

（1）章节式标题：

第一篇　×××

　　第一章　×××

　　　　第一节　×××

一、×××

（一）×××

1. ×××

1）×××

（1）×××

（2）等级式标题：

等级式标题结构如图11所示：

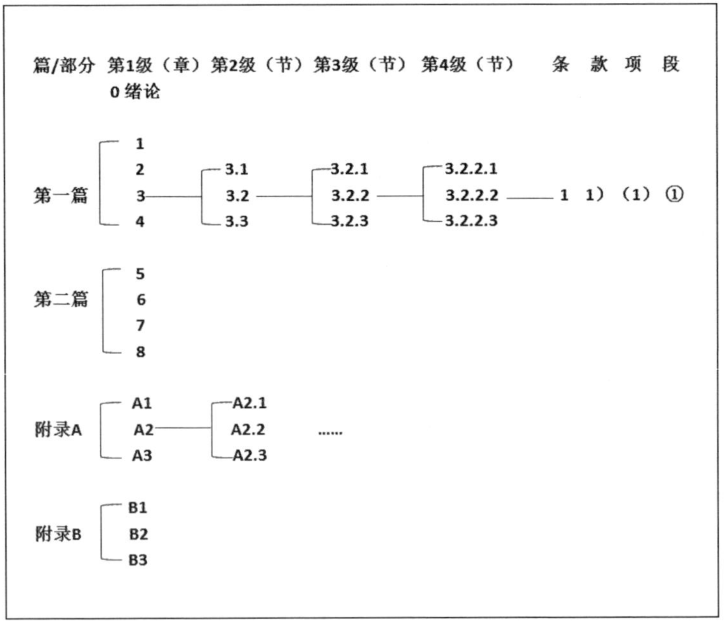

图11　等级式标题示意图

（3）混合式标题：

混合式标题是章节式和等级式的折中形式，既保留了传统章节式的大气，又采用了等级式系统性强、条理清晰的特点。

第一篇　×××

第一章　×××

1.1　×××

1.1.1　×××

在具体出版过程中，不同出版单位对标题体例的要求不尽相同，需要根据具体出版单位的要求进行选择，社会科学类的学术专著采用章节式的比较多，自然科学类学术专著采用等级式的比较多，不论采用哪一种类型，全书必须保持统一，同时也允许采用跨越的方式，例如层级“一、”后面可以直接选择层级“（1）”而越过层级“（一）”和“1”。

29. 学术专著中的表格有格式要求吗

表格由表题、表头、表身和表注几部分组成，表题包含表号和表名（见图12）。学术专著中的表格可以没有表注，但是表题、表头和表身必须完整。

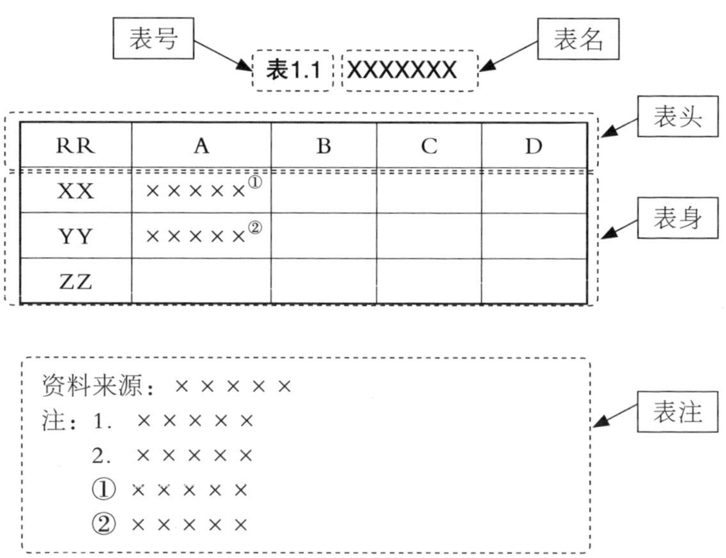

图12　表格结构示例图

30. 学术专著中的表格该怎么编号

表格的序号有两种编号方式，一种是按表格顺序编号，比如：表1、表2……依次类推，这种排序方法的好处是作者不需要考虑表格在章节中的具体位置，如果绪论或者附录部分有表格的话，编号也按顺序处理即可，作者操作简单，但缺点是不便查找和阅读。

另一种是按章节顺序编号，比如第一章中的第一个表为表1-1，第二个表为表1-2……依次类推，第一位数字表示章序，第二位数字表示该章中表格的顺序，中间以半字线隔开。这种排序方法的好处是表格在书中的位置比较清晰，遇到表格数量比较多的情况时，检查核对会更方便，阅读起来也会更顺畅。这种排序方法有两种特殊情况需要作者注意：一种是绪论中有表格的时候，该怎么编号？通常的处理方法是把绪论中的表格编为表0-1、表0-2……依次类推，第一位数字0就代表绪论部分，第二位数字代表表格在绪论中的顺序，同样中间以半字线隔开。另一种是附录中有表格时，正文章节已经结束，附录部分就不能参照绪论理解为章节序号+1，此时表格的编号方式按如下格式处理：如果有附录A和附录B，则为表A-1、表A-2、表B-1、表B-2……其中A、B对应的是附录A、附录B；如果全书只有一个附录时可以直接写成附表1-1、附表1-2等，这种情况比较少，但如果作者能够正确处理将会大大提高自身在编辑心中的专业性。

31. 学术专著中的图片有格式要求吗

图片和表格在学术专著中是广泛存在的，图片的要求比表格略复杂一些。图片一般分为线条图和照片图。线条图有流程图、结构图、示意图等，只要保证线条流畅、层次分明、色调准确、图注清晰明了即可。具体到印刷需求，作者在添加矢量图的时候要保证图片的分辨率不低于600DPI。

照片图顾名思义就是用相机等设备拍摄的图片或者用计算机做出来的图片。要求必须清晰、层次感强、饱和度好。如果是黑白印刷，需要照片图不低于150DPI；彩色印刷，照片不低于300DPI。此外彩色印刷是使用青、品红、黄、黑（CMYK）四种颜色的油墨来表现色彩的，一张彩色图片需要将这四种颜色通过一定的工序分次印刷到纸上的同一个区域，不仅工序是黑白印刷的四倍，而且需要更高端的印刷机器。因为如果位置稍有偏差就会导致图片模糊、重影，这就是作者经常疑惑的，书中只有几张彩色的照片，为什么成本会高很多的原因。还有些作者会要求有彩色图片的地方用彩色印刷，没有彩色的地方用黑白印刷，以此来降低成本，这是不了解工业印刷的方法。办公室的打印机，通常使用A4尺寸的纸且一次打印一面，而工业印刷机根据不同开本，一次会印16面或32面等同样大小的内容，再经过折叠、裁切、装订成一本书，所以其中的某一页单独做成彩色在技术上是行不通的。

如果作者必须采用彩色图片又想降低成本，可以用插页的方式折中处理。插页就是把彩色图片集中在一起，印刷后统一放在正文的前面或者后面。这样可以做到彩色和黑白分别印刷，技术上可以实现，成本上也能降低不少。

书中的图片应该紧跟正文，通常放在提到图片的一段文字之后，作者在写书的时候应提前注意，避免先图后文的格式，也会减少很多后期调整的工作。图片在文中的位置有很多种，对于学术专著来说通常采用的是如下两种：

（1）通栏图：图片放在中间，两侧没有文字（见图13）。

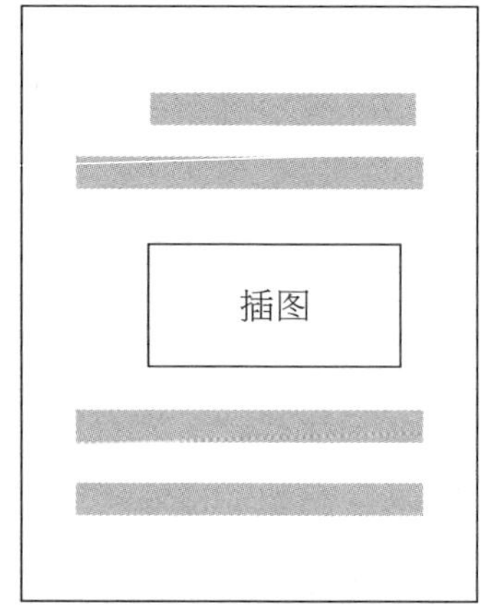

图13　图片位置示意图1

（2）串文图：图片的一侧有文字（见图14）。

图14　图片位置示意图2

图片的结构包括图文、图题和图注，图题又分为图号和图名，各部分要正确完整，具体如图15所示。

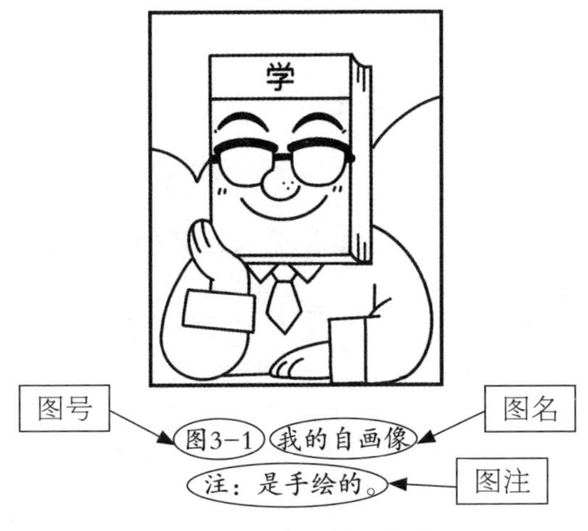

图15　图片结构示意图

32. 学术专著中的图片该怎么编号

图片在学术专著中的编号一般采用分章排序的方法。如果书中有篇级标题，也可分篇分章排序。用“-”或“.”隔开。例如，第一章中的第一个图片可表示为：图1-1或图1.1，第一篇第一章中的第一个图片可表示为：图1-1-1或图1.1.1。在论文集类图书中，各篇文章中的图号可用流水编号。

绪论中有图片的时候，可以参照表格的处理方法，通常的处理方法是把绪论中的图号编为图0-1、图0-2……依次类推。附录中有图片时，如果有附录A和附录B，则为图A-1、图A-2、图B-1、图B-2……其中A、B是附录的名称（序号），如果全书只有一个附录时可以直接写成附图1-1、附图1-2等。

33. 在网上看到的一些图片能用到书中吗

很多作者喜欢在网上搜索图片配合文字，这种情况不能一概而论，其中有版权问题，也有图片大小、清晰度的问题。如果必须在网上搜索图片，建议作者在素材类网站上查询并下载，这样能保证图片的清晰度，避免后期因为不能印刷增加替换图片的工作量，不论从什么网站上搜索下载图片，一定要确认图片是否可以使用，切忌使用有版权纠纷或未经授权的图片。

34. 怎么获得图片的授权

图片在使用前一定要确保版权使用问题，明确可以在出版物中使用。很多作者没有注意这个问题，导致后期不仅要赔偿经济损失，还可能面临名誉损失甚至是法律责任。

如果图片是作者本人拍摄的照片，只要作者声明版权为自己所有即可；如果图片是其他人拍摄的照片，需要作者联系拍摄者取得图片使用授权书；有些网站是明确表示可以免费使用其网站上的图片，这种情况作者只需提供网站的声明即可；有些网站需要付费下载使用。有些情况比较复杂，比如作者使用他人拍摄画作的照片，或者拍摄其他出版物中的图片等情况，严格来说，不仅需要取得这些画作或者出版物作者的授权还得取得拍摄者的授权，因为版权太过麻烦，所以建议作者尽量避免使用这样的图片。

35. 为什么出版社把地图删了

地图是一个比较敏感的内容，会涉及领土、安全、保密、国际关系等很多问题。一不小心就会出错，为了节省时间，在学术专著中应尽量避免使用。如果有需要在地图中进行展示的内容，尽量转换成表格的形式。如果必须使用地图，可以在自然资源部网站上进入“标准地图服务”一栏点击进入后，网站会提供“中国地图”“世界地图”“专题地图”等标准地理底图，标准地图有JPG和EPS两种格式，地图幅面分为64开、32开、16开、8开、4开、对开等。目前发布的标准地图包括：中国地图249幅、世界地图79幅、专题地图10幅。可用于新闻宣传、图书、期刊和报纸插图，也可以作为编制公开版地图的参考底图。

即便严格按照规定下载使用，但是在审稿中，地图部分必须报送有审核资质的单位审核，虽然《地图审核管理规定》中列明了不需审核的几类情况，但是如此重大的事情，出版单位还是唯恐避之不及。这也是为什么作者经常会发现自己非常满意的以地图为底图的各种分析图、示意图统统被删掉的原因。《地图审核管理规定》参见附录。

36. 为什么有些字体还要收费

很多作者可能不知道，字体和图片一样也有版权！但是这种情况在艺术类书籍中遇到的比较多，学术专著中用到收费字体的情况很少，除非作者对字体有特别的要求。通常情况下排版软件自带的字体库就能满足作者的需求，学术专著也不需要特别艺术性的字体，如果遇到不用便是。

有个别作者想用自己找到的一些特殊字体作为书名字体，比如书法字体、艺术字体等，这时需要核查字体的版权问题。如果未经授权是会吃官司的，这也说明我国版权保护方面的进步。还有一种情况比较特殊，比如作者的朋友为该书题写了书名，作者想用上，只要经过书写者同意，就可以扫描成数字格式，可以用在封面上，既满足了作者也合法合规。

37. 注释、引文和参考文献有啥不一样

注释和参考文献属于辅文，引文属于正文，但是因为这些内容在审校过程中出现的问题比较多，很多作者会混淆它们的作用或者用法。在此一起做个解释。

1）注释

注释是正文中对所述某些内容进行必要说明的文字，是学术专著中容易出现错误的内容之一。注释是按照位置来分类的，可以分为：文内注、脚注和文后注。文内注（夹注）顾名思义就是在正文行文中的注

释；脚注也称页下注，文中标有上角编码，注文一般在正文同页最下部（用横线与正文隔开）；文后注也称集注，是将某部分的注释集中放在该部分正文之后的位置，如章节之后或全书正文之后。具体差别可参考表4。

表4　注释差别一览表

名称	文内注（夹注）	脚注（页下注）	文后注（集注）
位置	行文中	编码：文中右上角 注文：同页最下部	章节后或全书正文后
符号	圆括号（ ）	①、②	1、2、3
字号	与正文字号相同或小于正文字号（古籍点评）	编码及注文均用六号	正文字号或比正文小一号

2）引文

引文是作者引用对自己研究“有帮助”的资料时使用的著录方式。文章中直接引用他文的某句话（注意，那句话是原封不动的）时必须用引号标明起止。凡是在专著文献中著录的，应将文献序号标注在正文中的引用处。按标准要求可归纳出序号的以下几种标注方法。

（1）置于主要责任者姓名的上角标处。如：

Baldock等[15-16]认为……

（2）引用以引号括起的一段完整的文字时，置于引号外上角标处。如：

“以上谓等威之辨，尊卑之序，由于饮食荣辱。”[1]

（3）置于点号前引用信息的上角标处。如：

……《中国青年》杂志创办人追求的高格调——理性的成熟与热点的凝聚[3]，表明其读者群的文化的品味的高层次……

（4）提及的参考文献为文中的直接说明时，文献序号应与正文平排。如：

……式（7）的具体推导过程见参考文献[6]。

3）参考文献

参考文献相对正文显得枯燥又复杂，作者殚精竭虑完成正文已经疲惫不堪了，对参考文献往往就关注得少了。但是参考文献又很重要，也是出问题较多的内容之一。

参考文献有“顺序编码制”和“著者-出版年制”

两种形式。可以按顺序编码制组织，也可以按著者–出版年制组织。

参考文献采用顺序编码制组织时，各篇文献应按其在正文中出现的先后标注的序号依次列出，相对比较简便。如：

王伟[7,3]提出……

而采用著者–出版年制组织参考文献时，则各篇文献首先按文种集中，通常分为中文、日文、西文（包括英文、法文、德文、西班牙文等）、俄文、其他文种5部分。然后按著者姓名的字母顺序和出版年排列（图书作者名著录原名还是译名，以图书封面和CIP为准）。中文文献可以按作者汉语拼音字顺排列，也可以按作者笔画顺序排列。

原则上同一部专著可以采用任何一种形式，但是根据实际操作经验，学术专著的参考文献通常采用“顺序编码制”。

不管是专著还是期刊析出文献，作为引文文献引用时，“引文页码”是不得空缺的著录项目。如果引用了用引号括起的信息，则应该标注引用信息所在页码；有时虽然没有采用引号括起，但引用的信息确实来源于某论著（有时也称间接引用），则也应该注明信息所在的页码范围。只有论著整体作为阅读型参考文献时，才可不标注页码。

38. 顺序编码制参考文献格式介绍

顺序编码制顾名思义就是按规定顺序进行编码。参考文献使用顺序编码制时格式工整简洁，便于写作和查找，在学术专著中被普遍采用，在此进行详细介绍。

参考文献采用顺序编码制排序时，要求各参考文献按照正文中引用文献出现的先后顺序，连续编号并依次列在书后（或各篇、章之后，但是全书要统一），并将序号置于方括号中，正文中的引文序号格式也是这样的。

不同的文献资料，序号后的格式也不一样。本书主要介绍比较常用的中文专著、翻译专著、专著中析出的文献、期刊中析出的文献、会议记录、论文集、专利文献、报纸、电子资源等几种参考文献格式。为方便理解，下文将各类参考文献的著录项目与著录格式及具体例子进行了分类整理，以供参考。

1）中文专著

格式：

[序号]作者.书名[M].版次（第1版不标）. 出版地：出版社名,出版年:引文页码.

示例：

[1]刘伟.现代物流体系建设理论与实践[M].北京：中国财富出版社有限公司，2021.

[2]伊正慧,等.中国电视剧“乡土叙事”研究[M].北京：中国财富出版社有限公司，2021.

无论是一本专著或专著中析出的文献，还是期刊中析出的文献，在作为引文引用时（文中用引号括起来的内容），均应标注引用信息所在页码。专著仅在整体作为阅读型参考文献时才不标注“引文页码”。但从文集和期刊中析出的文章作为阅读型文章引用时，也应标注析出文章的起讫页。

2）翻译专著

格式：

[序号]作者.书名[M].译者.版次（第1版不标）.出版地:出版社名,出版年:引文页码.

示例：

[1][比]维姆・范哈弗贝克.中小企业的开放式创新[M].朱晓明，扈喜林，曹雪会，译审.北京：中国财富出版社，2018.

3）专著中析出的文献

格式：

[序号]析出文献主要作者.析出文献题名：其他题名信息[文献类型标识/文献载体标识].析出文献其他责任者//专著主要责任者.专著题名：其他题名信息.版本项.出版地：出版者，出版年：析出文献的页码[引用日期].获取和访问路径.数字对象唯一标识符.

示例：

[1]张凌洁.中经有色金属产业景气指数体系的构建[M]//中国工业经济联合会.中国行业经济指数研究与应

用.北京：中国财富出版社，2017:131-139.

4）期刊中析出的文献

格式：

[序号]作者.文章名[J].期刊名，年，卷（期）：引文页码[引用日期].

示例：

[1]何黎明.创新供应链金融服务模式　助推经济高质量发展[J].物流研究，2021（3）：1-2.

5）会议记录、论文集

格式：

[序号]作者.会议记录或论文集名[C或G].出版地:出版社名,出版年.

示例：

[1]中国职工教育研究会.职工教育研究论文集[G].北京：人民教育出版社，1985.

6）专利文献

格式：

[序号]专利申请者或所有者.专利题名：专利号[P]. 公告日期或公开日期[引用日期]. 获取和访问路

径. 数字对象唯一标识符.

示例：

[1]邓一刚. 全智能节电器：200610171314.3[P]. 2006-12-13.

7）报纸

格式：

[序号]作者.文章名:其他题名信息[N].出版者，出版年[引用日期]. 获取和访问路径. 数字对象唯一标识符.

示例：

[1]谢希德.创造学习的新思路[N].人民日报，1998-12-25(10).

8）电子资源

格式：

[序号]主要责任者.题名：其他题名信息[文献类型标识/文献载体标识].出版地：出版者.出版年：引文页码（更新或修改日期）[引用日期].获取和访问路径.数字对象唯一标识符.

示例：

[1]萧钰.出版业信息化迈入快车道[EB/OL].(2001-12-19)[2002-04-15]. http://www.creader.com/news/20011219/200112190019.html.

以上8种就是学术专著中最常用到的参考文献著录格式。通过对比，我们不难发现其中的一些小规律，可以总结为4W：第一个W是“who”，无论是什么类型的参考文献都要有作者（主要责任人）。第二个W是“what”，参考文献的第二部分是文献的书名（文章名、题名、专利名等）和文献类型的标识。虽然文献类型标识各有不同，但基本可以概括为哪本书或哪篇文章。第三个W是“where”，专著、论文集、会议记录都要有出版者的出版地。第四个W是“when”，参考文献一定要著录年份，甚至要精确到日期。

参考文献使用的符号基本移植于标点符号，但其功能和用法与标点符号不同，它是一种前置符，置于一个著录项目或要素之前，分隔这些项目或要素。共9种符号如下

. : , ; // [ ] ( ) / -

其中，分隔不同项目时用“.”；

引出后续内容时用“:”；

列出相同项目的不同个体时用“,”（比如多名作者时，作者之间用“，”分隔）；

专著中析出文献时用“//”；

序号、引用日期、文献标识等都需要用“［ ］”标注；

期刊的期号、专利更新或修改时间等需要用“（ ）”标注；

文章的起讫页之间用“-”；

“；”和“/”在文献中出现不是特别多，在此不特别介绍。

39. 符号、单位和字母的用法及常见错误

学术专著经常会使用各种公式或含有各种数据的

图片及表格，这些都会或多或少地涉及符号、单位和字母的使用。在使用这些时作者总是感到困惑，明明日常都是这样使用的，可为什么一到编辑那里就提示出来各种错误。虽然出错的原因千差万别，但是究其根源还是使用了不符合出版规范的符号、单位和字母。

1）符号

在出版业内通常把量的符号与单位符号放在一起介绍。但是对于不是“内行”的作者而言，各种正体、斜体的英文、希腊文混在一起，不但容易混淆，出现错误也很难找到原因。本书另辟蹊径，把量的符号、数学符号和标点符号单独“摘”出来，进行简单明了的归纳、总结及错例对比，希望借此可以把作者从“混乱”中解救出来。

（1）量的符号

首先，解释一下什么是量。学术专著中量的概念，主要指物理量和非物理量。

物理量指现象、物体或物质的可以定性区别和定量确定的一种属性，如长度、速度、密度等。国标规定物理量符号除pH是正体外，其余必须使用斜体。非物理量则指日常生活中所使用的非度量衡的量。

在同一著作中，同一个量的名称和符号应保持一致（注：如果同一著作中，同一个量的名称和符号因引用的文献不同而出现无法统一的情况时，应修改为同一个名称或做必要的说明或注释）。

其次，学术专著中经常会用到量的符号，而这些符号又可以分为规定符号和约定符号。

规定符号。经国家权威机构制定颁布的符号称为“规定符号”。规定符号具有相对稳定性和严格约束性。《有关量、单位和符号的一般原则》（GB 3101—93）给出了明确规定。作者撰稿时应遵照标准，正确使用符号。

约定符号。未经正式颁布，而在一本书中根据需要选定并被赋予特定意义，约定使用的符号称为“约定符号”。使用约定符号时，要注意保持符号的单义性（即在同一本书中一个符号只代表一个概念），并在约定符号第一次出现时对其特定意义进行说明。

符号的使用要规范，即在出版物中应尽量使用国标固定的符号；暂时没有规定的，可使用国际通用符号；国际通用符号也没有时，则须约定新的符号。新的约定符号可根据量的概念、性质、形体等方面进行设定。其方法是：对于未知量和变量，可用外文字符（尽可能用相应术语的首字母）表示；对于有形体的概念，可用与形体相似的符号表示；对于无具体形象的事物，可采用象征性符号表示。

本书以国家标准为依据，归纳总结出学术专著常用物理量符号容易出错的部分，并给出规范写法，便于大家查找使用（见表5）。

表5　部分量的常用符号和错误示例

序号	名称	符号	错误示例
1	长度	*l*, *L*	L
2	高度	*h*, *H*	H
3	速度	*v*	V
4	加速度	*a*	α
5	角速度	*ω*	w
6	重力加速度	*g*	g
7	密度	*ρ*	p
8	波长	*λ*	入

续表

序号	名称	符号	错误示例
9	体积	*V*	V
10	质量	*m*	m
11	半径	*R, r*	r
12	时间	*t*	t
13	电流	*I*	I
14	电压	*U*	U
15	比热容	*c*	C
16	热力学温度	*T*	t
17	力	*F*	F
18	压力，压强	*p*	P
19	功	*W*	W
20	功率	*P*	p

（2）数学符号

数学符号同其他科技符号一样，是从特定的任务出发，人为创造出来表达完整数学概念的符号。数学符号十分繁杂，既有大量的未知量和变量符号，又有许多关系符号、运算符号、说明性符号。因此，数学符号的使用，要求做到规范、简明，准确表达复杂的数学内容。GB/T 3102.11—93中给出了200多个物理科学和技术中常用的数学符号（不包括数学的各分支学科中的众多专用符号）。表6所列的是数学符号常见使用错误示例。

表6　数学符号常见使用错误示例

名称或含义	正确符号	错误符号
空集	$\varnothing$	Φ
比号	$c∶b$	$c:b$
约等于号	$\approx$	≌，∽
小于等于号	$\leqslant$	$\leq$
大于等于号	$\geqslant$	$\geq$
三角形	$\triangle ABC$	ΔABC
微分符号	$\mathrm{d}x$	dx
x 的有限增量	Δx	$\triangle x$
角括号	$\langle a \rangle$	$<a>$
x 的常用对数	$\lg x$	$\log x$
α 的余切	$\cot \alpha$	$\mathrm{ctg}\ \alpha$
x 的反正切	$\arctan x$	$\tan^{-1}x$

（3）标点符号

在学术专著中，经常会引用和提到一些外国文献和资料，但是中英文的标点符号并不是通用的。在作者写作时经常会出现标点符号使用混乱的情况，例如，英文中没有书名号，在提及英文专著名或期刊名时用斜体表示即可；中文的标点基本是全角字符，而英文标点则大多数是半角字符；中文是句号，英文是句点，中文的省略号是“六个点”上下居中，而英文省略号是“三个点”并靠下排。下面以表格的形式更直观地对比其区别，见表7。

表7　中英文标点符号对照表

标点符号	句号	问号	叹号	逗号	顿号	分号	冒号	引号	圆括号	破折号	省略号	着重号	连接号	间隔号	书名号	专名号
中文	。	?	!	,	、	;	:	“ ”	( )	——	……	.	—	·	《 》	____
英文	.	?	!	,		;	:	“”	( )	—	…	.	-			

注：表中空白处表示无对应符号。

2）单位

学术专著也会用到许多单位，无论是单位的名称还是意义，国家都给出了明确标准。而学术专著作为一本严谨的出版读物，更应该根据要求使用计量单位。计量单位大致分为国际单位制和法定计量单位两种。其中国际单位制还包括：基本单位、辅助单位、导出单位等。

（1）国际单位制

国际单位制规定的基本单位共有七个，分别是：

长度：米（m）。光在真空中（1/299 792 458）s时间间隔内所经路径的长度。

质量：千克（kg）。国际千克原器的质量。

时间：秒（s）。铯-133原子基态的两个超精细能级之间跃迁所对应的辐射的9 192 631 770个（91亿9263万1770个）周期的持续时间。

电流：安培（A）。在真空中，截面积可以忽略的两根相距1m的无限长平行圆直导线内通以等量恒定电流时，若导线间相互作用力在每米长度上为2×10^{-7}N，则每根导线中的电流为1A。

热力学温度：开尔文（K）。水三相点热力学温度的1/273.16。

物质的量：摩尔（mol）。摩尔是一系统的物质的量，该系统中所包含的基本单元数与0.012kg碳-12的原子数目相等。在使用摩尔时，基本单元应予指明，可以是原子、分子、离子、电子及其他粒子，或是这些粒子的特定组合。

发光强度：坎德拉（cd）。一光源在给定方向上的发光强度，该光源发出频率为540×10^{12}Hz的单色辐射，且在此方向上的辐射强度为(1/683）W/s · r。

国际单位制的基本单位，具体见表8。

表8　国际单位制的基本单位

量的名称	单位名称	单位符号
长度	米	m
质量	千克（公斤）	kg
时间	秒	s
电流	安（培）	A
热力学温度	开（尔文）	K
物质的量	摩（尔）	mol
发光强度	坎（德拉）	cd

辅助单位和导出单位都是在基本单位上的延伸或导出，具体见表9、表10。

表9　国际单位制的辅助单位

量的名称	单位名称	单位符号
平面角	弧度	rad
立体角	球面度	sr

表10　国际单位制中具有专门名称的导出单位

量的名称	单位名称	单位符号	其他表示式
频率	赫[兹]	Hz	s^{-1}
力，重力	牛[顿]	N	$kg \cdot m/s^2$
压力，压强，应力	帕[斯卡]	Pa	N/m^2
能[量]，功，热[量]	焦[耳]	J	$N \cdot m$
功率，辐[射能]通量	瓦[特]	W	J/s
电荷量	库[仑]	C	$A \cdot s$
电位，电压，电动势（电势）	伏[特]	V	W/A
电容	法[拉]	F	C/V
电阻	欧[姆]	Ω	V/A
电导	西[门子]	S	Ω^{-1}
磁通[量]	韦[伯]	Wb	$V \cdot s$
磁通[量]密度（磁感应强度）	特[斯拉]	T	Wb/m^2
电感	亨[利]	H	Wb/A
摄氏温度	摄氏度	℃	
光通量	流[明]	lm	$cd \cdot sr$
[光]照度	勒[克斯]	lx	lm/m^2
[放射性]活度	贝可[勒尔]	Bq	s^{-1}
吸收剂量	戈[瑞]	Gy	J/kg
剂量当量	希[沃特]	Sv	J/kg

（2）我国法定计量单位

中华人民共和国法定计量单位（简称法定单位）

是以国际单位制单位为基础,同时选用了一些非国际单位制的单位构成的，具体内容见表11。

表11 国家选定的非国际单位制单位

量的名称	单位名称	单位符号	换算关系和说明
时间	分	min	1min=60s
	[小]时	h	1h=60min=3600s
	天[日]	d	1d=24h=86400s
[平面]角	度	(°)	1° =(π/180) rad
	[角]分	(′)	1′ = (π/10 800) rad
	[角]秒	(″)	1″ = (π/648 000) rad
旋转速度	转每分	r/min	1r/min= (1/60) s^{-1}
长度（只用于航程）	海里	n mile	1n mile=1852m
速度（只用于航行）	节	kn	1kn=1n mile/h= (1 852/3 600) m/s
质量	吨	t	1t=10^3kg
	原子质量单位	u	1u≈1.660540×10^{-27}kg
体积	升	L, (l)	1L=1dm^3=$10^{-3}m^3$
能	电子伏	eV	1eV≈1.602 177×10 $^{-19}$J
级差	分贝	dB	
线密度	特[克斯]	tex	1tex=1g/km
面积	公顷	hm^2	1hm^2=10^4m^2

法定计量单位在使用中的注意事项如下：

第一，组合单位的中文名称与其符号表示的顺序一致。符号中的乘号没有对应的名称，除号的对应名称为“每”字，无论分母中有几个单位，“每”字只出现一次。如比热容单位的符号J/（kg·K），其单位名称是“焦耳每千克开尔文”。

第二，乘方形式的单位名称，其顺序应是指数名称在前，单位名称在后。相应的指数名称由数字加“次方”二字而成。如截面惯性矩的单位m^4的名称为“四次方米”。当长度的二次和三次幂分别表示面积和体积时，则相应的指数名称分别为“平方”和“立方”，其他情况均应分别为“二次方”和“三次方”。如体积单位dm^3的名称是“立方分米”，而截面系数单位m^3的名称是“三次方米”。

第三，书写组合单位名称时不加任何表示乘或除的符号或其他符号。如电阻率单位Ω·m的名称为“欧姆米”。

第四，单位的中文名称分全称和简称两种。法定单位名称的简称（把法定单位名称中括号里的字省略即为其简称）有两个作用：一是简称可在不至于混淆的场合下，等效于它的全称使用。二是在小学、初中课本和普通书刊中有必要时，可将单位简称（包括带有词头的单位简称）作为符号使用，这样的符号称为“中文符号”。如力的单位“牛顿”的中文符号为“牛”。

第五，由两个及以上单位相乘所构成的组合单位，其中文符号只用一种形式，即用居中圆点代表乘号。如动力黏度单位“帕斯卡秒”的中文符号是“帕·秒”。由两个及以上单位相除所构成的组合单位，其中文符号可采用如下两种形式之一：千克/米^{3}或千克·米$^{-3}$。

3）字母

作者在撰写学术专著时，不可避免地会使用到各种字母，尤其是理工类专著，更是以各种字母、各种写法穿插在字里行间。以下是结合实际工作，根据字母的字体和语种归纳出的使用字母时会出现的错误情况，便于作者创作时查找，也可以用于修改编辑提示的错误。

（1）必须使用正体写法

第一，3个其值不变的数学常数，π、e、i（j）。

第二，有定义的函数符号，如cos、tan、arcsin、exp，lg、ln、lb，B、Γ、erf等。

第三，已定义的算子符号，如grad、rot、div、d*f*/d*x*中的d、δ*f*中的δ、Δ*x*中的Δ等。

第四，有特定含义的缩写词，如max、min、sup、Re、Im、lim、RtΔ、T（转置符号，通常用于右上标）等。

第五，数学式中阿拉伯数字全部采用正体。

（2）必须使用黑正体写法

6个特殊集合符号N（非负数整数集、自然数集）、Z（整数集）、Q（有理数集）、R（实数集）、C（复数集）、P（质数集，ISO 80000-2:2009新增加），也可用空心正体。

（3）必须使用斜体写法

量，变数，变动的附标，函数，几何图形中表示点、线、面、体的字母，以及在特定场合视为常数的参数*a*、*b*等。

（4）必须使用黑斜体写法

矢量（向量）、张量和矩阵符号。ISO 80000-2和

GB/T3102.11中规定。

（5）容易混淆的数字、拉丁字母、希腊字母

部分数字、拉丁字母与希腊字母对照表，见表12。

表12　部分数字、拉丁字母与希腊字母对照表

数字 0 与拉丁字母 o	数字 1 与拉丁字母 l
希腊文 γ 与拉丁字母 y	希腊文 κ 与拉丁字母 k
希腊文 γ 与拉丁字母 r	希腊文 α 与拉丁字母 a
希腊文 ω 与拉丁字母 w	希腊文 ε 与拉丁字母 e
希腊文 τ 与拉丁字母 t	希腊文 μ 与拉丁字母 u
希腊文 ν 与拉丁字母 v	希腊文 ρ 与拉丁字母 p

（6）罗马数字

罗马数字也经常出现在学术专著里，而因其与十进位数字的意义不同，所以也是出现差错的“重灾区”，罗马数字与阿拉伯数字对照表，见表13。

表13　罗马数字与阿拉伯数字对照表

Ⅰ	Ⅱ	Ⅲ	Ⅳ	Ⅴ	Ⅵ	Ⅶ	Ⅷ	Ⅸ	Ⅹ	Ⅺ	Ⅻ	L	C	D	M
1	2	3	4	5	6	7	8	9	10	11	12	50	100	500	1000

罗马数字中没有表示零的数字，而当时的“0”用（空格）表示。记数的方法也很有特点：相同的数字连写，所表示的数等于这些数字相加得到的数，如Ⅲ=3；小的数字在大的数字的右边，所表示的数等于这些数字相加得到的数，如Ⅷ=8、Ⅻ=12；小的数字（限于Ⅰ、X和C）在大的数字的左边，所表示的数等于大数减小数得到的数，如Ⅳ=4、Ⅸ=9；在一个数的上面画一条横线，表示这个数增值1000倍，如$\overline{\mathrm{X}}$= 10000。

40. 数字的用法和常见错误

书稿中常用的数字有阿拉伯数字和汉字数字两种形式，在实际写作过程中，往往造成混用或者不符合规范的情况。（数字用法的详细规定可以参考国家标准GB/T 15835—2011《出版物上数字用法》）

通常来说如果作者想要简洁醒目地表达效果就

选用阿拉伯数字，想要庄重典雅地表达效果就选用汉字数字。有些情况两种表达方式都正确，比如1号楼（一号楼）、公元前2世纪（公元前二世纪）、第10个工作日（第十个工作日），这些表达不影响文字的正确性也对简洁性或者庄重性无妨碍。又如在计量、计数时，“2”均可使用。用于计量单位前读“二”或“两”，如“2升”，既可读“二升”，也可读“两升”；用于计数单位前一般读“两”，如“2个”，读作“两个”。“2”及其他个位数字，只要有需要且得体时，均可以使用，但需注意体例统一。但在有些情况下也有严格的区分。

1）阿拉伯数字的使用

（1）在使用数字进行计量、计数和编号的场合，为达到醒目、易于辨识的效果应使用阿拉伯数字。

例如：70kg，800m，2.5mL，14.67kPa，－25℃；1倍，2个，0.618，1/5，约200人，第1届，第3季度；010－57802865，26781235@qq.com，京A00016，ISSN 1001－4314。

（2）现代社会生活中出现的事物、现象、事件，其名称的书写形式中包含阿拉伯数字，已经广泛使用而稳定下来，应采用阿拉伯数字。例如：3G手机，MP3播放器，G8峰会，维生素B_{12}，97号汽油，“5·27”事件，“12·5”枪击案。对类似的名称，要与时俱进敢于使用阿拉伯数字，如PM2.5。

（3）表示日期和时刻应使用阿拉伯数字。

①日期。年、月、日的表达顺序应按照口语中的年、月、日的自然顺序书写。例如：2021年8月14日。用全数字表示时，其基本格式为20210814，扩展格式为2021-08-14。其中：年份用4位数字；月、日用2位数字，个位数字前应加“0”；年月、月日间的分隔符为短横线“-”。“2008-8-8”“2021.8.14”等均不规范。

②时刻。时、分、秒的表达顺序应按照口语中的时、分、秒的自然顺序书写。例如：16时05分43秒。用全数字表示时，其基本格式为160543，扩展格式为16:05:43。其中，时、分、秒均用2位数字，个位数字前应加“0”；时分、分秒间的分隔符为冒号“:”，不是“-”。

注意：避免时刻与时间计量混淆，将16：05：43写作16h5min43s是错误的，反之亦然。

③日期与时刻。日期与时刻的组合形式为20200814T16：05：43，其中字母“T”为时间标志符。

④世纪、年代。世纪、年代的表达用阿拉伯数字。例如：20世纪50—70年代（提示:强调起点和终点时，用“—”连接，不应用“～”）。20世纪90年代，英语简写为“1990s”。特别提示：年份用四位数字表示的时候不应简写为两位数字，比如2021年不能写成21年。

几种常用数字用法

①“1”的使用要注意得体：用“1”以外的数字去替代“一”，如果符合情理，则可以将“一”改为“1”；如果不合情理，则不应改。

例如：

“李某做了一天实验”，可以改为“李某做

了1天实验”；但“张某一天到晚都在做实验”，则不应当改。

②正确表示数值范围。$4.3\times10^6\sim5.7\times10^6$可写为（4.3～5.7）$\times10^6$，但不得写为$4.3\sim5.7\times10^6$（提示：表示范围的符号为“～”，不应用“—”）。

③最大值、最小值不应采用概数表示。

例如：最小直径为3.5～5.0cm，应为最小直径为3.5cm；

最高血压为170～190mmHg（22.66～25.33kPa），应为最高血压为190mmHg（25.33kPa）。

④避免混乱的表述。例如：用时最多不到3h，改为用时最多3h；功率至少280kW以上,改为功率280kW以上。

⑤阿拉伯数字表示的数值不能换行或断开，而汉字数字“万”“亿”可以与阿拉伯

数字连用。所以“1 388 886 666人”可以写作“13亿8 888万6 666人”。这样改写后既容易认读,又便于转行。而含有“万”“亿”“%”的数值范围,第1个数值中的“万”“亿”“%”不得省略。例如：15万～20万元，不应写为15～20万元；15%～30%，不得写为 15～30%。

2）汉字数字的使用

（1）成语或已经长期固定存在的词语，比如：四书五经、五劳七伤、三叶虫、四边形、一元二次方程、三氧化二铁等。

（2）干支纪年、农历、历史朝代和其他传统上采用汉字形式的非公历纪年，比如：民国二十七年、腊月二十八、十一国庆节、一二·九运动、五四运动等。

数字连用表示的概数，如：四五个人、三四个月、一两小时、四十五六岁等。

提示：两个数字连用表示概数时不能用标点符号断开，“一两天”不能写成“一、两天”；

约、近、左右、上下等表达概数的词不应并用。例如：今天来听课的人数大概有110人左右，应删去“大概”或“左右”。

（3）数字 “0”有两种汉字数字表达形式“零”和“〇”，用作编号时，汉字数字用“〇”，比如二〇二一年不能写成二零二一年。

41. 交稿前作者自查内容

至此，作者应该对如何出版一本学术专著有了整体的认识，也许很多作者的书稿已经准备得差不多了。在交稿之前，为了让书稿能更顺利通过出版社审查，同时也为了能让编辑认为你不是没出过书的新手，你可以对照表14，检查一下自己的书稿，如果都能满足，则说明这一定是一部合格的书稿，也一定会顺利出版的。

表14　交稿前作者自查表

<table>
<tr><th>分类</th><th colspan="2">内容</th></tr>
<tr><td rowspan="2">书稿的完整性</td><td>书稿清单</td><td>书名、作者、著作方式、内容提要、作者简介、序/前言、目录、正文、附录、参考文献、索引、后记</td></tr>
<tr><td>书稿结构</td><td>1. 章节序号、表号、图号、公式号、页码是否连续；
2. 格式、层级、名词术语、符号、代号、计量单位是否统一；
3. 目录与正文标题、标题与内容、文与图、文与表、注释内容、图字代号与图注、书中内容前后是否对应</td></tr>
<tr><td rowspan="10">政治性内容</td><td colspan="2">地图国界与地区归属、国名、地名是否正确</td></tr>
<tr><td colspan="2">是否有明显宣扬西方价值观，否定马克思主义、社会主义、共产主义的内容</td></tr>
<tr><td colspan="2">是否有明显煽动民族仇恨、民族歧视或者侵害信教群众的宗教感情和民族风俗、习惯的内容</td></tr>
<tr><td colspan="2">是否有涉及党和国家领导人的照片</td></tr>
<tr><td colspan="2">引用名人著作，党和政府文件及领导人讲话、文章是否准确</td></tr>
<tr><td colspan="2">技术、方针、政策性内容是否准确，译稿中是否有明显不符合国情的内容</td></tr>
<tr><td colspan="2">是否有明显的庸俗、低俗、媚俗、封建迷信内容</td></tr>
<tr><td colspan="2">是否有明显涉密内容</td></tr>
<tr><td colspan="2">是否有明显侵犯著作权的内容（文字、图片等）</td></tr>
<tr><td colspan="2">是否有侵害企业、他人合法权益的内容</td></tr>
</table>

续表

分类	内容
知识性和技术性问题	是否有概念、定理、定义、论证等重大知识性或技术性错误
	是否有大篇幅的陈旧内容，如淘汰产品、过于久远的数据和案例
	名词术语、符号、代号、量和单位是否采用现行标准，是否统一
	公式、算式是否正确
	表格中的资料、数据是否正确、可靠
	图中的图形是否正确、完整，表达方法是否符合国家标准，图字是否清晰正确
	翻译稿是否忠于原文，译文是否通顺、符合汉语语感，翻译内容是否完整，有无重大篇幅错译或漏译
	翻译稿中对原文的错误或不符合我国国情的内容是否已经改正并加译者注
文字表达问题	文字使用是否规范，文字表达是否合乎逻辑和汉语语法，有无病句和错别字
	标点符号和数字用法是否符合国家标准要求
	是否存在大篇幅文字表达不精练、不通顺、网络化、口语化的问题
	名言、诗词、文件内容、法规条文等是否进行过核对
	外文字母的正斜体、大小写、黑体、文种标注，以及角标是否清晰可辨

附　录

■ 附录 1

中华人民共和国著作权法

中华人民共和国著作权法

中华人民共和国主席令第62号

《全国人民代表大会常务委员会关于修改〈中华人民共和国著作权法〉的决定》已由中华人民共和国第十三届全国人民代表大会常务委员会第二十三次会议于2020年11月11日通过，现予公布，自2021年6月1日起施行。

中华人民共和国主席　习近平

2020年11月11日

中华人民共和国著作权法

（1990年9月7日第七届全国人大常委会第十五次会议通过。根据第9届全国人大常委会第二十四次会议《关于修改〈中华人民共和国著作权法〉的决定》第一次修正。根据第十一届全国人大常委会第十三次会议《关于修改〈中华人民共和国著作权法〉的决定》第二次修正。根据第十三届全国人大常委会第二十三次会议通过《全国人民代表大会常务委员会关于修改〈中华人民共和国著作权法〉的决定》第三次修正）

第一章　总则

第一条　为保护文学、艺术和科学作品作者的著作权，以及与著作权有关的权益，鼓励有益于社会主义精神文明、物质文明建设的作品的创作和传播，促进社会主义文化和科学事业的发展与繁荣，根据宪法制定本法。

第二条　中国公民、法人或者非法人组织的作品，不论是否发表，依照本法享有著作权。

外国人、无国籍人的作品根据其作者所属国或者经常居住地国同中国签订的协议或者共同参加的国际条约享有的著作权，受本法保护。

外国人、无国籍人的作品首先在中国境内出版的，依照本法享有著作权。

未与中国签订协议或者共同参加国际条约的国家的作者以及无国籍人的作品首次在中国参加的国际条约的成员国出版的，或者在成员国和非成员国同时出版的，受本法保护。

第三条 本法所称的作品，是指文学、艺术和科学领域内具有独创性并能以一定形式表现的智力成果，包括：

（一）文字作品；

（二）口述作品；

（三）音乐、戏剧、曲艺、舞蹈、杂技艺术作品；

（四）美术、建筑作品；

（五）摄影作品；

（六）视听作品；

（七）工程设计图、产品设计图、地图、示意图等图形作品和模型作品；

（八）计算机软件；

（九）符合作品特征的其他智力成果。

第四条 著作权人和与著作权有关的权利人行使权利，不得违反宪法和法律，不得损害公共利益。国家对作品的出版、传播依法进行监督管理。

第五条 本法不适用于：

（一）法律、法规，国家机关的决议、决定、命令和其他具有立法、行政、司法性质的文件，及其官方正式译文；

（二）单纯事实消息；

（三）历法、通用数表、通用表格和公式。

第六条 民间文学艺术作品的著作权保护办法由国务院另行规定。

第七条 国家著作权主管部门负责全国的著作权管理工作；县级以上地方主管著作权的部门负责本行政区域的著作权管理工作。

第八条 著作权人和与著作权有关的权利人可以授权著作权集体管理组织行使著作权或者与著作权有

关的权利。依法设立的著作权集体管理组织是非营利法人，被授权后可以以自己的名义为著作权人和与著作权有关的权利人主张权利，并可以作为当事人进行涉及著作权或者与著作权有关的权利的诉讼、仲裁、调解活动。

著作权集体管理组织根据授权向使用者收取使用费。使用费的收取标准由著作权集体管理组织和使用者代表协商确定，协商不成的，可以向国家著作权主管部门申请裁决，对裁决不服的，可以向人民法院提起诉讼；当事人也可以直接向人民法院提起诉讼。

著作权集体管理组织应当将使用费的收取和转付、管理费的提取和使用、使用费的未分配部分等总体情况定期向社会公布，并应当建立权利信息查询系统，供权利人和使用者查询。国家著作权主管部门应当依法对著作权集体管理组织进行监督、管理。

著作权集体管理组织的设立方式、权利义务、使用费的收取和分配，以及对其监督和管理等由国务院另行规定。

第二章 著作权

第一节 著作权人及其权利

第九条 著作权人包括：

（一）作者；

（二）其他依照本法享有著作权的自然人、法人或者非法人组织。

第十条 著作权包括下列人身权和财产权：

（一）发表权，即决定作品是否公之于众的权利；

（二）署名权，即表明作者身份，在作品上署名的权利；

（三）修改权，即修改或者授权他人修改作品的权利；

（四）保护作品完整权，即保护作品不受歪曲、篡改的权利；

（五）复制权，即以印刷、复印、拓印、录音、录像、翻录、翻拍、数字化等方式将作品制作一份或者多份的权利；

（六）发行权，即以出售或者赠与方式向公众提供作品的原件或者复制件的权利；

（七）出租权，即有偿许可他人临时使用视听作品、计算机软件的原件或者复制件的权利，计算机软件不是出租的主要标的的除外；

（八）展览权，即公开陈列美术作品、摄影作品的原件或者复制件的权利；

（九）表演权，即公开表演作品，以及用各种手段公开播送作品的表演的权利；

（十）放映权，即通过放映机、幻灯机等技术设备公开再现美术、摄影、视听作品等的权利；

（十一）广播权，即以有线或者无线方式公开传播或者转播作品，以及通过扩音器或者其他传送符号、声音、图像的类似工具向公众传播广播的作品的权利，但不包括本款第十二项规定的权利；

（十二）信息网络传播权，即以有线或者无线方式向公众提供，使公众可以在其选定的时间和地点获得作品的权利；

（十三）摄制权，即以摄制视听作品的方法将作品固定在载体上的权利；

（十四）改编权，即改变作品，创作出具有独创性的新作品的权利；

（十五）翻译权，即将作品从一种语言文字转换成另一种语言文字的权利；

（十六）汇编权，即将作品或者作品的片段通过选择或者编排，汇集成新作品的权利；

（十七）应当由著作权人享有的其他权利。

著作权人可以许可他人行使前款第（五）项至第（十七）项规定的权利，并依照约定或者本法有关规定获得报酬。

著作权人可以全部或者部分转让本条第一款第（五）项至第（十七）项规定的权利，并依照约定或者本法有关规定获得报酬。

第二节　著作权归属

第十一条　著作权属于作者，本法另有规定的除外。

创作作品的公民是作者。

由法人或者非法人组织主持，代表法人或者非法人组织意志创作，并由法人或者非法人组织承担责任的作品，法人或者非法人组织视为作者。

第十二条 在作品上署名的自然人、法人或者非法人组织为作者，且该作品上存在相应权利，但有相反证明的除外。

作者等著作权人可以向国家著作权主管部门认定的登记机构办理作品登记。

与著作权有关的权利参照适用前两款规定。

第十三条 改编、翻译、注释、整理已有作品而产生的作品，其著作权由改编、翻译、注释、整理人享有，但行使著作权时不得侵犯原作品的著作权。

第十四条 两人以上合作创作的作品，著作权由合作作者共同享有。没有参加创作的人，不能成为合作作者。

合作作品的著作权由合作作者通过协商一致行使；不能协商一致，又无正当理由的，任何一方不得阻止他方行使除转让、许可他人专有使用、出质以外的其他权利，但是所得收益应当合理分配给所有合作作者。

合作作品可以分割使用的，作者对各自创作的部分可以单独享有著作权，但行使著作权时不得侵犯合作作品整体的著作权。

第十五条 汇编若干作品、作品的片段或者不构成作品的数据或者其他材料，对其内容的选择或者编排体现独创性的作品，为汇编作品，其著作权由汇编人享有，但行使著作权时，不得侵犯原作品的著作权。

第十六条 使用改编、翻译、注释、整理、汇编已有作品而产生的作品进行出版、演出和制作录音录像制品，应当取得该作品的著作权人和原作品的著作权人许可，并支付报酬。

第十七条 视听作品中的电影作品、电视剧作品的著作权由制作者享有，但编剧、导演、摄影、作词、作曲等作者享有署名权，并有权按照与制作者签订的合同获得报酬。

前款规定以外的视听作品的著作权归属由当事人约定；没有约定或者约定不明确的，由制作者享有，但作者享有署名权和获得报酬的权利。

视听作品中的剧本、音乐等可以单独使用的作品的作者有权单独行使其著作权。

第十八条 自然人为完成法人或者非法人组织工作任务所创作的作品是职务作品，除本条第二款的规定以外，著作权由作者享有，但法人或者非法人组织有权在其业务范围内优先使用。作品完成两年内，未经单位同意，作者不得许可第三人以与单位使用的相同方式使用该作品。

有下列情形之一的职务作品，作者享有署名权，著作权的其他权利由法人或者非法人组织享有，法人或者非法人组织可以给予作者奖励：

（一）主要是利用法人或者非法人组织的物质技术条件创作，并由法人或者非法人组织承担责任的工程设计图、产品设计图、地图、示意图、计算机软件等职务作品；

（二）报社、期刊社、通讯社、广播电台、电视台的工作人员创作的职务作品；

（三）法律、行政法规规定或者合同约定著作权由法人或者非法人组织享有的职务作品。

第十九条 受委托创作的作品，著作权的归属由委托人和受托人通过合同约定。合同未作明确约定或者没有订立合同的，著作权属于受托人。

第二十条 作品原件所有权的转移，不改变作品著作权的归属，但美术、摄影作品原件的展览权由原件所有人享有。

作者将未发表的美术、摄影作品的原件所有权转让给他人，受让人展览该原件不构成对作者发表权的侵犯。

第二十一条 著作权属于自然人的，自然人死亡后，其本法第十条第一款第（五）项至第（十七）项规定的权利在本法规定的保护期内，依法转移。

著作权属于法人或者非法人组织的，法人或者非法人组织变更、终止后，其本法第十条第一款第（五）项至第（十七）项规定的权利在本法规定的保护期内，由承受其权利义务的法人或者非法人组织享有；没有承受其权利义务的法人或者非法人组织的，由国家享有。

第三节 权利的保护期

第二十二条 作者的署名权、修改权、保护作品完整权的保护期不受限制。

第二十三条 自然人的作品，其发表权、本法第十条第一款第（五）项至第（十七）项规定的权利的保护期为作者终生及其死亡后五十年，截止于作者死亡后第五十年的12月31日；如果是合作作品，截止于最后死亡的作者死亡后第五十年的12月31日。

法人或者非法人组织的作品、著作权（署名权除外）由法人或者非法人组织享有的职务作品，其发表权的保护期为五十年，截止于作品创作完成后第五十年的12月31日；本法第十条第一款第五项至第十七项规定的权利的保护期为五十年，截止于作品首次发表后第五十年的12月31日，但作品自创作完成后五十年内未发表的，本法不再保护。

视听作品，其发表权的保护期为五十年，截止于作品创作完成后第五十年的12月31日；本法第十条第一款第五项至第十七项规定的权利的保护期为五十年，截止于作品首次发表后第五十年的12月31日，但作品自创作完成后五十年内未发表的，本法不再保护。

第四节　权利的限制

第二十四条　在下列情况下使用作品，可以不经著作权人许可，不向其支付报酬，但应当指明作者姓名或者名称、作品名称，并且不得影响该作品的正常使用，也不得不合理地损害著作权人的合法权益：

（一）为个人学习、研究或者欣赏，使用他人已经发表的作品；

（二）为介绍、评论某一作品或者说明某一问题，在作品中适当引用他人已经发表的作品；

（三）为报道新闻，在报纸、期刊、广播电台、电视台等媒体中不可避免地再现或者引用已经发表的作品；

（四）报纸、期刊、广播电台、电视台等媒体刊登或者播放其他报纸、期刊、广播电台、电视台等媒体已经发表的关于政治、经济、宗教问题的时事性文章，但著作权人声明不许刊登、播放的除外；

（五）报纸、期刊、广播电台、电视台等媒体刊登或者播放在公众集会上发表的讲话，但作者声明不许刊登、播放的除外；

（六）为学校课堂教学或者科学研究，改编、汇编、播放或者少量复制已经发表的作品，供教学或者科研人员使用，但不得出版发行；

（七）国家机关为执行公务在合理范围内使用已经发表的作品；

（八）图书馆、档案馆、纪念馆、博物馆、美术馆、文化馆等为陈列或者保存版本的需要，复制本馆收藏的作品；

（九）免费表演已经发表的作品，该表演未向公众收取费用，也未向表演者支付报酬且不以营利为目的；

（十）对设置或者陈列在公共场所的艺术作品进行临摹、绘画、摄影、录像；

（十一）将中国公民、法人或者非法人组织已经发表的以国家通用语言文字创作的作品翻译成少数民族语言文字作品在国内出版发行；

（十二）以阅读障碍者能够感知的无障碍方式向其提供已经发表的作品；

（十三）法律、行政法规规定的其他情形。

前款规定适用于对与著作权有关的权利的限制。

第二十五条 为实施义务教育和国家教育规划而编写出版教科书，可以不经著作权人许可，在教科书中汇编已经发表的作品片段或者短小的文字作品、音乐作品或者单幅的美术作品、摄影作品、图形作品，但应当按照规定向著作权人支付报酬，指明作者姓名或者名称、作品名称，并且不得侵犯著作权人依照本法享有的其他权利。

前款规定适用于对与著作权有关的权利的限制。

第三章 著作权许可使用和转让合同

第二十六条 使用他人作品应当同著作权人订立许可使用合同，本法规定可以不经许可的除外。

许可使用合同包括下列主要内容：

（一）许可使用的权利种类；

（二）许可使用的权利是专有使用权或者非专有使用权；

（三）许可使用的地域范围、期间；

（四）付酬标准和办法；

（五）违约责任；

（六）双方认为需要约定的其他内容。

第二十七条 转让本法第十条第一款第（五）项至第（十七）项规定的权利，应当订立书面合同。

权利转让合同包括下列主要内容：

（一）作品的名称；

（二）转让的权利种类、地域范围；

（三）转让价金；

（四）交付转让价金的日期和方式；

（五）违约责任；

（六）双方认为需要约定的其他内容。

第二十八条 以著作权中的财产权出质的，由出质人和质权人依法办理出质登记。

第二十九条 许可使用合同和转让合同中著作权人未明确许可、转让的权利，未经著作权人同意，另一方当事人不得行使。

第三十条 使用作品的付酬标准可以由当事人约定，也可以按照国家著作权主管部门会同有关部门制定的付酬标准支付报酬。当事人约定不明确的，按照国家著作权主管部门会同有关部门制定的付酬标准支付报酬。

第三十一条 出版者、表演者、录音录像制作者、广播电台、电视台等依照本法有关规定使用他人作品的，不得侵犯作者的署名权、修改权、保护作品完整权和获得报酬的权利。

第四章 与著作权有关的权利

第一节 图书、报刊的出版

第三十二条 图书出版者出版图书应当和著作权人订立出版合同，并支付报酬。

第三十三条 图书出版者对著作权人交付出版的作品，按照合同约定享有的专有出版权受法律保护，他人不得出版该作品。

第三十四条 著作权人应当按照合同约定期限交付作品。图书出版者应当按照合同约定的出版质量、期限出版图书。

图书出版者不按照合同约定期限出版，应当依照本法第五十四条的规定承担民事责任。

图书出版者重印、再版作品的，应当通知著作权人，并支付报酬。图书脱销后，图书出版者拒绝重印、再版的，著作权人有权终止合同。

第三十五条 著作权人向报社、期刊社投稿的，自稿件发出之日起十五日内未收到报社通知决定刊登的，或者自稿件发出之日起三十日内未收到期刊社通知决定刊登的，可以将同一作品向其他报社、期刊社投稿。双方另有约定的除外。

作品刊登后，除著作权人声明不得转载、摘编的外，其他报刊可以转载或者作为文摘、资料刊登，但应当按照规定向著作权人支付报酬。

第三十六条 图书出版者经作者许可，可以对作品修改、删节。

报社、期刊社可以对作品作文字性修改、删节。对内容的修改，应当经作者许可。

第三十七条 出版者有权许可或者禁止他人使用其出版的图书、期刊的版式设计。

前款规定的权利的保护期为十年，截止于使用该版式设计的图书、期刊首次出版后第十年的12月31日。

第二节　表演

第三十八条　使用他人作品演出，表演者应当取得著作权人许可，并支付报酬。演出组织者组织演出，由该组织者取得著作权人许可，并支付报酬。

第三十九条　表演者对其表演享有下列权利：

（一）表明表演者身份；

（二）保护表演形象不受歪曲；

（三）许可他人从现场直播和公开传送其现场表演，并获得报酬；

（四）许可他人录音录像，并获得报酬；

（五）许可他人复制、发行、出租录有其表演的录音录像制品，并获得报酬；

（六）许可他人通过信息网络向公众传播其表演，并获得报酬。

被许可人以前款第（三）项至第（六）项规定的方式使用作品，还应当取得著作权人许可，并支付报酬。

第四十条　演员为完成本演出单位的演出任务进

行的表演为职务表演，演员享有表明身份和保护表演形象不受歪曲的权利，其他权利归属由当事人约定。当事人没有约定或者约定不明确的，职务表演的权利由演出单位享有。

职务表演的权利由演员享有的，演出单位可以在其业务范围内免费使用该表演。

第四十一条 本法第三十九条第一款第（一）项、第（二）项规定的权利的保护期不受限制。

本法第三十九条第一款第（三）项至第（六）项规定的权利的保护期为五十年，截止于该表演发生后第五十年的12月31日。

第三节 录音录像

第四十二条 录音录像制作者使用他人作品制作录音录像制品，应当取得著作权人许可，并支付报酬。

录音制作者使用他人已经合法录制为录音制品的音乐作品制作录音制品，可以不经著作权人许可，但应当按照规定支付报酬；著作权人声明不许使用的不得使用。

第四十三条 录音录像制作者制作录音录像制品，应当同表演者订立合同，并支付报酬。

第四十四条 录音录像制作者对其制作的录音录像制品，享有许可他人复制、发行、出租、通过信息网络向公众传播并获得报酬的权利；权利的保护期为五十年，截止于该制品首次制作完成后第五十年的12月31日。

被许可人复制、发行、通过信息网络向公众传播录音录像制品，应当同时取得著作权人、表演者许可，并支付报酬；被许可人出租录音录像制品，还应当取得表演者许可，并支付报酬。

第四十五条 将录音制品用于有线或者无线公开传播，或者通过传送声音的技术设备向公众公开播送的，应当向录音制作者支付报酬。

第四节 广播电台、电视台播放

第四十六条 广播电台、电视台播放他人未发表的作品，应当取得著作权人许可，并支付报酬。

广播电台、电视台播放他人已发表的作品，可以不经著作权人许可，但应当按照规定支付报酬。

第四十七条 广播电台、电视台有权禁止未经其许可的下列行为：

（一）将其播放的广播、电视以有线或者无线方式转播；

（二）将其播放的广播、电视录制以及复制；

（三）将其播放的广播、电视通过信息网络向公众传播。

广播电台、电视台行使前款规定的权利，不得影响、限制或者侵害他人行使著作权或者与著作权有关的权利。

本条第一款规定的权利的保护期为五十年，截止于该广播、电视首次播放后第五十年的12月31日。

第四十八条 电视台播放他人的视听作品、录像制品，应当取得视听作品著作权人或者录像制作者许可，并支付报酬；播放他人的录像制品，还应当取得著作权人许可，并支付报酬。

第五章　著作权和与著作权有关的权利的保护

第四十九条　为保护著作权和与著作权有关的权利，权利人可以采取技术措施。

未经权利人许可，任何组织或者个人不得故意避开或者破坏技术措施，不得以避开或者破坏技术措施为目的制造、进口或者向公众提供有关装置或者部件，不得故意为他人避开或者破坏技术措施提供技术服务。但是，法律、行政法规规定可以避开的情形除外。

本法所称的技术措施，是指用于防止、限制未经权利人许可浏览、欣赏作品、表演、录音录像制品或者通过信息网络向公众提供作品、表演、录音录像制品的有效技术、装置或者部件。

第五十条　下列情形可以避开技术措施，但不得向他人提供避开技术措施的技术、装置或者部件，不得侵犯权利人依法享有的其他权利：

（一）为学校课堂教学或者科学研究，提供少量已经发表的作品，供教学或者科研人员使用，而该作品无法通过正常途径获取；

（二）不以营利为目的，以阅读障碍者能够感知的无障碍方式向其提供已经发表的作品，而该作品无法通过正常途径获取；

（三）国家机关依照行政、监察、司法程序执行公务；

（四）对计算机及其系统或者网络的安全性能进行测试；

（五）进行加密研究或者计算机软件反向工程研究。

前款规定适用于对与著作权有关的权利的限制。

第五十一条 未经权利人许可，不得进行下列行为：

（一）故意删除或者改变作品、版式设计、表演、录音录像制品或者广播、电视上的权利管理信息，但由于技术上的原因无法避免的除外；

（二）知道或者应当知道作品、版式设计、表演、录音录像制品或者广播、电视上的权利管理信息未经许可被删除或者改变，仍然向公众提供。

第五十二条 有下列侵权行为的，应当根据情况，承担停止侵害、消除影响、赔礼道歉、赔偿损失等民事责任：

（一）未经著作权人许可，发表其作品的；

（二）未经合作作者许可，将与他人合作创作的作品当作自己单独创作的作品发表的；

（三）没有参加创作，为谋取个人名利，在他人作品上署名的；

（四）歪曲、篡改他人作品的；

（五）剽窃他人作品的；

（六）未经著作权人许可，以展览、摄制视听作品的方法使用作品，或者以改编、翻译、注释等方式使用作品的，本法另有规定的除外；

（七）使用他人作品，应当支付报酬而未支付的；

（八）未经视听作品、计算机软件、录音录像制品的著作权人、表演者或者录音录像制作者许可，出租其作品或者录音录像制品的原件或者复制件的，本法另有规定的除外；

（九）未经出版者许可，使用其出版的图书、期刊的版式设计的；

（十）未经表演者许可，从现场直播或者公开传送其现场表演，或者录制其表演的；

（十一）其他侵犯著作权以及与著作权有关的权利的行为。

第五十三条 有下列侵权行为的，应当根据情况，承担本法第五十二条规定的民事责任；侵权行为同时损害公共利益的，由主管著作权的部门责令停止侵权行为，予以警告，没收违法所得，没收、无害化销毁处理侵权复制品以及主要用于制作侵权复制品的材料、工具、设备等，违法经营额五万元以上的，可以并处违法经营额一倍以上五倍以下的罚款；没有违法经营额、违法经营额难以计算或者不足五万元的，可以并处二十五万元以下的罚款；构成犯罪的，依法追究刑事责任：

（一）未经著作权人许可，复制、发行、表演、放映、广播、汇编、通过信息网络向公众传播其作品的，本法另有规定的除外；

（二）出版他人享有专有出版权的图书的；

（三）未经表演者许可，复制、发行录有其表演的录音录像制品，或者通过信息网络向公众传播其表演的，本法另有规定的除外；

（四）未经录音录像制作者许可，复制、发行、通过信息网络向公众传播其制作的录音录像制品的，本法另有规定的除外；

（五）未经许可，播放、复制或者通过信息网络向公众传播广播、电视的，本法另有规定的除外；

（六）未经著作权人或者与著作权有关的权利人许可，故意避开或者破坏技术措施的，故意制造、进口或者向他人提供主要用于避开、破坏技术措施的装置或者部件的，或者故意为他人避开或者破坏技术措施提供技术服务的，法律、行政法规另有规定的除外；

（七）未经著作权人或者与著作权有关的权利人许可，故意删除或者改变作品、版式设计、表演、录音录像制品或者广播、电视上的权利管理信息的，知道或者应当知道作品、版式设计、表演、录音录像制品或者广播、电视上的权利管理信息未经许可被删除或者改变，仍然向公众提供的，法律、行政法规另有规定的除外；

（八）制作、出售假冒他人署名的作品的。

第五十四条 侵犯著作权或者与著作权有关的权利的，侵权人应当按照权利人因此受到的实际损失或者侵权人的违法所得给予赔偿；权利人的实际损失或者侵权人的违法所得难以计算的，可以参照该权利使用费给予赔偿。对故意侵犯著作权或者与著作权有关的权利，情节严重的，可以在按照上述方法确定数额的一倍以上五倍以下给予赔偿。

权利人的实际损失、侵权人的违法所得、权利使用费难以计算的，由人民法院根据侵权行为的情节，判决给予五百元以上五百万元以下的赔偿。

赔偿数额还应当包括权利人为制止侵权行为所支付的合理开支。

人民法院为确定赔偿数额，在权利人已经尽了必要举证责任，而与侵权行为相关的账簿、资料等主要由侵权人掌握的，可以责令侵权人提供与侵权行为相关的账簿、资料等；侵权人不提供，或者提供虚假的账簿、资料等的，人民法院可以参考权利人的主张和提供的证据确定赔偿数额。

人民法院审理著作权纠纷案件，应权利人请求，对侵权复制品，除特殊情况外，责令销毁；对主要用于制造侵权复制品的材料、工具、设备等，责令销毁，且不予补偿；或者在特殊情况下，责令禁止前述材料、工具、设备等进入商业渠道，且不予补偿。

第五十五条 主管著作权的部门对涉嫌侵犯著作权和与著作权有关的权利的行为进行查处时，可以询问有关当事人，调查与涉嫌违法行为有关的情况；对当事人涉嫌违法行为的场所和物品实施现场检查；查阅、复制与涉嫌违法行为有关的合同、发票、账簿以及其他有关资料；对于涉嫌违法行为的场所和物品，可以查封或者扣押。

主管著作权的部门依法行使前款规定的职权时，当事人应当予以协助、配合，不得拒绝、阻挠。

第五十六条 著作权人或者与著作权有关的权利人有证据证明他人正在实施或者即将实施侵犯其权利、妨碍其实现权利的行为，如不及时制止将会使其合法权益受到难以弥补的损害的，可以在起诉前依法向人民法院申请采取财产保全、责令作出一定行为或者禁止作出一定行为等措施。

第五十七条　为制止侵权行为，在证据可能灭失或者以后难以取得的情况下，著作权人或者与著作权有关的权利人可以在起诉前依法向人民法院申请保全证据。

第五十八条　人民法院审理案件，对于侵犯著作权或者与著作权有关的权利的，可以没收违法所得、侵权复制品以及进行违法活动的财物。

第五十九条　复制品的出版者、制作者不能证明其出版、制作有合法授权的，复制品的发行者或者视听作品、计算机软件、录音录像制品的复制品的出租者不能证明其发行、出租的复制品有合法来源的，应当承担法律责任。

在诉讼程序中，被诉侵权人主张其不承担侵权责任的，应当提供证据证明已经取得权利人的许可，或者具有本法规定的不经权利人许可而可以使用的情形。

第六十条　著作权纠纷可以调解，也可以根据当事人达成的书面仲裁协议或者著作权合同中的仲裁条款，向仲裁机构申请仲裁。

当事人没有书面仲裁协议，也没有在著作权合同中订立仲裁条款的，可以直接向人民法院起诉。

第六十一条 当事人因不履行合同义务或者履行合同义务不符合约定而承担民事责任，以及当事人行使诉讼权利、申请保全等，适用有关法律的规定。

第六章 附则

第六十二条 本法所称的著作权即版权。

第六十三条 本法第二条所称的出版，指作品的复制、发行。

第六十四条 计算机软件、信息网络传播权的保护办法由国务院另行规定。

第六十五条 摄影作品，其发表权、本法第十条第一款第五项至第十七项规定的权利的保护期在2021年6月1日前已经届满，但依据本法第二十三条第一款的规定仍在保护期内的，不再保护。

第六十六条 本法规定的著作权人和出版者、表演者、录音录像制作者、广播电台、电视台的权利，在本法施行之日尚未超过本法规定的保护期的，依照本法予以保护。

本法施行前发生的侵权或者违约行为，依照侵权或者违约行为发生时的有关规定处理。

第六十七条 本法自1991年6月1日起施行。

■ 附录 2

图书、期刊、音像制品、电子出版物重大选题备案办法

图书、期刊、音像制品、电子出版物
重大选题备案办法

第一条 为加强和改进出版物重大选题备案工作，根据中央有关精神和《出版管理条例》相关规定，制定本办法。

第二条 列入备案范围内的重大选题，图书、期刊、音像制品、电子出版物出版单位在出版之前，应当依照本办法报国家新闻出版署备案。未经备案批准的，不得出版发行。

第三条 本办法所称重大选题，指涉及国家安全、社会稳定等方面内容选题，具体包括：

（一）有关党和国家重要文件、文献选题。

（二）有关现任、曾任党和国家领导人讲话、著作、文章及其工作和生活情况的选题，有关现任党和国家主要领导人重要讲话学习读物类选题。

（三）涉及中国共产党历史、中华人民共和国历史上重大事件、重大决策过程、重要人物选题。

（四）涉及国防和军队建设及我军各个历史时期重大决策部署、重要战役战斗、重要工作、重要人物选题。

（五）集中介绍党政机构设置和领导干部情况选题。

（六）专门或集中反映、评价“文化大革命”等历史和重要事件、重要人物选题。

（七）专门反映国民党重要人物和其他上层统战对象的选题。

（八）涉及民族宗教问题选题。

（九）涉及中国国界地图选题。

（十）反映香港特别行政区、澳门特别行政区和台湾地区经济、政治、历史、文化、重要社会事务等选题。

（十一）涉及苏联、东欧等社会主义时期重大事件和主要领导人选题。

（十二）涉及外交方面重要工作选题。

有关重大选题范围，国家新闻出版署根据情况适时予以调整并另行公布。

第四条 编辑制作出版反映党和国家领导人生平、业绩、工作和生活经历的重大题材作品，实行统筹规划、归口审批，按照中央和国家有关文件要求办理立项手续。经批准立项的选题，出版前按规定履行重大选题备案程序。

第五条 图书、音像制品和电子出版物重大选题备案中有以下情况的，由相关单位出具选题审核意见报国家新闻出版署，国家新闻出版署根据审核意见直接核批。

（一）中央和国家机关有关部门组织编写的主要涉及本部门工作领域的选题，由本部门出具审核意见。

（二）中央统战部、中央党史和文献研究院、外交部、国家民委等部门所属出版单位出版的只涉及本部门工作领域的选题，由本部门出具审核意见。

（三）解放军和武警部队出版单位出版的只涉及军事军史内容的选题，由中央军委政治工作部出具审核意见。

（四）各地编写的只涉及本地区党史事件、人物和本地区民族问题的选题，不涉及敏感、复杂内容和全局工作的，由所在地省级出版管理部门组织审读把关，出具审核意见。

（五）涉及中国国界地图选题，不涉及其他应备案内容的，由出版单位在报备时出具国务院测绘地理信息行政主管部门的审核意见。

第六条 期刊重大选题备案中有以下情况的，按本条相关要求执行。

（一）期刊首发涉及本办法第三条第二、三、四项内容的文章，经期刊主管主办单位审核同意，报国家新闻出版署备案。转载或摘要刊发已正式出版的图书、期刊以及人民日报、新华社刊发播发的涉及上述内容的文章，经期刊主管单位审核同意后出版。

（二）中央各部门各单位主管的期刊刊发涉及重

大选题备案范围的文章，主要反映本领域工作，不涉及敏感、复杂内容的，经本部门审核同意后出版。

（三）中央党史和文献研究院、人民日报社、求是杂志社、新华社主管的期刊，刊发涉及重大选题备案范围的文章，经主管单位审核同意后出版。

（四）解放军和武警部队期刊刊发涉及重大选题备案范围的文章，经所在大单位或中央军委机关部门审核同意后出版。

（五）地方期刊刊发文章涉及本办法第五条第四项内容的文章，由所在地省级出版管理部门组织审读把关，审核同意后出版。

由期刊主管单位或有关部门审核同意出版的，审核意见应存档备查。

第七条 出版单位申报重大选题备案，应当通过所在地省级出版管理部门或主管单位进行。

（一）地方出版单位申报材料经主管主办单位审核同意后报所在地省级出版管理部门，非在京的中央各部门各单位出版单位申报材料经主办单位审核同意后报所在地省级出版管理部门，由所在地省级出版管理部门报国家新闻出版署。

（二）在京的中央各部门各单位出版单位申报材料经主管主办单位审核同意后，由主管单位报国家新闻出版署。

（三）解放军和武警部队出版单位申报材料经中央军委政治工作部审核同意后报国家新闻出版署。

第八条 申报重大选题备案时，应当如实、完整、规范填报并提交如下材料：

（一）省级出版管理部门或主管单位的备案申请报告。报告应当对申报备案的重大选题有明确审核意见。

（二）重大选题备案申报表。应当清楚填写涉及重大选题备案范围，需审核问题，需审核的具体章节、页码和待审核的人物、事件、文献、图片等内容。

（三）书稿、文章、图片或者样片、样盘、样带。书稿应当“齐清定”、经过编辑排版并装订成册，文字符合国家语言文字规范，引文注明出处。

（四）出版物“三审”意见复印件。

（五）备案需要的其他材料。包括有关部门同意立项的材料，送审照片（图片）样稿，相关部门保密审核意见等。

第九条 国家新闻出版署对申报备案的重大选题进行审核，必要时转请有关部门或组织专家协助审核。

第十条 国家新闻出版署自备案受理之日起20日内（不含有关部门或专家协助审核时间），对备案申请予以答复或提出意见。

第十一条 国家新闻出版署审核同意的备案批复文件，两年内有效；备案批复文件超出有效期及出版物修订再版的，应当重新履行备案程序。

第十二条 出版单位应当按照出版专业分工安排重大选题出版计划，对不具备相关出版资质和编辑能力的选题，不得报备和出版；应当严格履行出版物内容把关主体责任，坚持优化结构、提高质量，严格执行选题论证、“三审三校”制度，确保政治方向、出版导向、价值取向正确。

第十三条 各地出版管理部门和主管主办单位是落实重大选题备案制度的前置把关部门，应当严格落实属地管理和主管主办责任。主要职责是：负责审核所属出版单位申请备案选题的内容导向质量及出版单位出版资质，对不符合备案条件的不予受理，对思想倾向不好、内容平庸、题材重复、超业务范围等不具备出版要求的选题予以撤销；对由地方出版管理部门和主管单位审核把关的选题，组织相关单位认真做好内容审核和保密审查，提出具体审核意见；对审核部门提出的意见，督促出版单位认真修改并做好复核工作；对应履行重大选题备案程序但未按要求备案的出版单位进行处理、追责问责。

第十四条 出版单位违反本办法，未经备案出版涉及重大选题范围出版物的，由国家新闻出版署或省级出版管理部门责成其主管单位对出版单位的主要负责人员给予行政处分；停止出版、发行该出版物；违反《出版管理条例》和有关规定的，依照有关规定处罚。

第十五条 国家新闻出版署对重大选题备案执行情况开展年度检查和考核评估，视情况予以奖惩。

第十六条 本办法由国家新闻出版署负责解释。

第十七条 本办法自印发之日起施行。《图书、期刊、音像制品、电子出版物重大选题备案办法》（新出图〔1997〕860号）同时废止。

■ 附录 3

地图审核管理规定

地图审核管理规定

（2006年6月23日国土资源部第34号令公布，根据2017年11月28日国土资源部第77号令修订，根据2019年7月16日自然资源部第2次部务会议《自然资源部关于第一批废止和修改的部门规章的决定》修正）

第一章　总则

第一条　为了加强地图审核管理，维护国家主权、安全和利益，根据《中华人民共和国测绘法》《地图管理条例》等法律、法规，制定本规定。

第二条　地图审核工作应当遵循维护国家主权、保守国家秘密、高效规范实施、提供优质服务的原则。

第三条 国务院自然资源主管部门负责全国地图审核工作的监督管理。

省、自治区、直辖市人民政府自然资源主管部门以及设区的市级人民政府自然资源主管部门负责本行政区域地图审核工作的监督管理。

第四条 实施地图审核所需经费列入相应自然资源主管部门的年度预算。

第五条 有下列情形之一的，申请人应当依照本规定向有审核权的自然资源主管部门提出地图审核申请：

（一）出版、展示、登载、生产、进口、出口地图或者附着地图图形的产品的；

（二）已审核批准的地图或者附着地图图形的产品，再次出版、展示、登载、生产、进口、出口且地图内容发生变化的；

（三）拟在境外出版、展示、登载的地图或者附着地图图形的产品的。

第六条 下列地图不需要审核：

（一）直接使用自然资源主管部门提供的具有审图号的公益性地图；

（二）景区地图、街区地图、公共交通线路图等内容简单的地图；

（三）法律法规明确应予公开且不涉及国界、边界、历史疆界、行政区域界线或者范围的地图。

第七条 国务院自然资源主管部门负责下列地图的审核：

（一）全国地图；

（二）主要表现地为两个以上省、自治区、直辖市行政区域的地图；

（三）香港特别行政区地图、澳门特别行政区地图以及台湾地区地图；

（四）世界地图以及主要表现地为国外的地图；

（五）历史地图。

第八条 省、自治区、直辖市人民政府自然资源主管部门负责审核主要表现地在本行政区域范围内的地图。其中，主要表现地在设区的市行政区域范围内不涉及国界线的地图，由设区的市级人民政府自然资源主管部门负责审核。

第九条 属于出版物的地图产品或者附着地图图

形的产品，应当根据产品中地图主要表现地，依照本规定第七条、第八条的规定，由相应自然资源主管部门审核。

第十条 申请地图审核，应当提交下列材料：

（一）地图审核申请表；

（二）需要审核的地图最终样图或者样品。用于互联网服务等方面的地图产品，还应当提供地图内容审核软硬件条件；

（三）地图编制单位的测绘资质证书。

有下列情形之一的，可以不提供前款第三项规定的测绘资质证书：

（一）进口不属于出版物的地图和附着地图图形的产品；

（二）直接引用古地图；

（三）使用示意性世界地图、中国地图和地方地图；

（四）利用自然资源主管部门具有审图号的公益性地图且未对国界、行政区域界线或者范围、重要地理信息数据等进行编辑调整。

第十一条 利用涉及国家秘密的测绘成果编制的地图，应当提供省级以上自然资源主管部门进行保密技术处理的证明文件。

地图上表达的其他专业内容、信息、数据等，国家对其公开另有规定的，从其规定，并提供有关主管部门可以公开的相关文件。

第十二条 申请人应当如实提交有关材料，反映真实情况，并对申请材料的真实性负责。

第十三条 自然资源主管部门应当将地图审核的依据、程序、期限以及需要提交的全部材料的目录和地图审核申请表等示范文本，在办公场所、门户网站上公示。

申请人要求自然资源主管部门对公示内容予以说明、解释的，有关自然资源主管部门应当说明、解释，提供准确、可靠的信息。

第十四条 国务院自然资源主管部门可以在其法定职责范围内，委托省、自治区、直辖市人民政府自然资源主管部门实施部分地图审核职责。

国务院自然资源主管部门对省级自然资源主管部

门实施的受委托地图审核负责监督管理和业务指导培训。

第十五条 有审核权的自然资源主管部门受理的地图审核申请，认为需要其他自然资源主管部门协助审核的，应当商有关自然资源主管部门进行协助审核。负责协助审核的自然资源主管部门应当自收到协助审核材料之日起7个工作日内，完成审核工作。协商不一致的，报请共同的上一级自然资源主管部门决定。

第十六条 中小学教学地图的审核，依照《地图管理条例》第二十三条规定执行。

第十七条 自然资源主管部门对申请人提出的地图审核申请，应当根据下列情况分别作出处理：

（一）申请材料齐全并符合法定形式的，应当决定受理并发放受理通知书；

（二）申请材料不齐全或者不符合法定形式的，应当当场或者在5个工作日内一次告知申请人需要补正的全部内容，逾期不告知的，自收到申请材料之日起即为受理；经补正材料后申请材料仍不齐全或者不符合法定形式的，应当作出不予受理的决定；

（三）申请事项依法不需要进行地图审核的，应当即时告知申请人不予受理；申请事项依法不属于本自然资源主管部门职责范围的，应当即时作出不予受理的决定，并告知申请人向有关自然资源主管部门申请。

第十八条 自然资源主管部门受理地图审核申请后，应当对下列内容进行审查：

（一）地图表示内容中是否含有《地图管理条例》第八条规定的不得表示的内容；

（二）中华人民共和国国界、行政区域界线或者范围以及世界各国间边界、历史疆界在地图上的表示是否符合国家有关规定；

（三）重要地理信息数据、地名等在地图上的表示是否符合国家有关规定；

（四）主要表现地包含中华人民共和国疆域的地图，中华人民共和国疆域是否完整表示；

（五）地图内容表示是否符合地图使用目的和国家地图编制有关标准；

（六）法律、法规规定需要审查的其他内容。

第十九条 中华人民共和国国界、中国历史疆界、世界各国间边界、世界各国间历史疆界依照《地图管理条例》第十条有关规定进行审查。

县级以上行政区域界线或者范围，按照由国务院民政部门和国务院自然资源主管部门拟订并经国务院批准公布的行政区域界线标准画法图进行审查。

特别行政区界线或者范围，按照国务院批准公布的特别行政区行政区域图和国家其他有关规定进行审查。

第二十条 重要地理信息数据、地名以及有关专业内容在地图上的表示，按照自然资源主管部门制定的有关规定进行审查。

下级自然资源主管部门制定的具体审查内容和标准，应当报上一级自然资源主管部门备案并依法及时公开。

第二十一条 地图涉及专业内容且没有明确审核依据的，由有审核权的自然资源主管部门征求有关部门的意见。

第二十二条 有审核权的自然资源主管部门应当健全完善地图内容审查工作机构，配备地图内容审查专业人员。地图内容审查专业人员应当经省级以上自然资源主管部门培训并考核合格，方能从事地图内容审查工作。

第二十三条 自然资源主管部门应当依据地图内容审查工作机构提出的审查意见及相关申请材料，作出批准或者不予批准的书面决定并及时送达申请人。

予以批准的，核发地图审核批准文件和审图号。

不予批准的，核发地图审核不予批准文件并书面说明理由，告知申请人享有依法申请行政复议或者提起行政诉讼的权利。

第二十四条 自然资源主管部门应当自受理地图审核申请之日起20个工作日内作出审核决定。

时事宣传地图、发行频率高于一个月的图书和报刊等插附地图的，应当自受理地图审核申请之日起7个工作日内作出审核决定。

应急保障等特殊情况需要使用地图的，应当即送即审。

涉及专业内容且没有明确审核依据的地图，向有关部门征求意见时，征求意见时间不计算在地图审核的期限内。

第二十五条 自然资源主管部门应当在其门户网站等媒体上及时公布获得审核批准的地图名称、审图号等信息。

第二十六条 审图号由审图机构代号、通过审核的年份、序号等组成。

第二十七条 经审核批准的地图，申请人应当在地图或者附着地图图形的产品的适当位置显著标注审图号。属于出版物的，应当在版权页标注审图号；没有版权页的，应当在适当位置标注审图号。属于互联网地图服务的，应当在地图页面左下角标注审图号。

第二十八条 互联网地图服务审图号有效期为两年。审图号到期，应当重新送审。

审核通过的互联网地图服务，申请人应当每六个月将新增标注内容及核查校对情况向作出审核批准的自然资源主管部门备案。

第二十九条 上级自然资源主管部门应当加强对下级自然资源主管部门实施地图审核行为的监督检查，建立健全监督管理制度，及时纠正违反本规定的行为。

第三十条 自然资源主管部门应当建立和完善地图审核管理和监督系统，提升地图审核效率和监管能力，方便公众申请与查询。

第三十一条 互联网地图服务单位应当配备符合相关要求的地图安全审校人员，并强化内部安全审校核查工作。

第三十二条 最终向社会公开的地图与审核通过的地图内容及表现形式不一致，或者互联网地图服务审图号有效期届满未重新送审的，自然资源主管部门应当责令改正、给予警告，可以处3万元以下的罚款。

第三十三条 自然资源主管部门及其工作人员在地图审核工作中滥用职权、玩忽职守、徇私舞弊的，依法给予处分；涉嫌构成犯罪的，移送有关机关依法追究刑事责任。

第三十四条 本规定自2018年1月1日起施行。

■ 附录 4

国家新闻出版署决定废止的规范性文件目录

国家新闻出版署决定废止的规范性文件目录

（共35件）

序号	发布机关	文件名称	文号	发布时间
1	新闻出版署	关于实施《中国标准音像制品编码》的通知	新出音〔1992〕1785号	1992-11-14
2	新闻出版署、广播电影电视部	关于改进广播电视类报纸出版管理的通知	新出联〔1995〕8号	1995-3-31
3	新闻出版署	关于转发上海市新闻出版局《关于禁止用新闻形式进行企业形象广告宣传的通知》的通知	〔95〕新出报751号	1995-6-29
4	新闻出版署	关于印发《出版管理行政处罚文书示范格式》的通知	新出政〔1998〕443号	1998-4-30
5	新闻出版署	关于报纸刊载证券期货信息若干管理事项的通知	〔98〕新出报459号	1998-5-11

续表

序号	发布机关	文件名称	文号	发布时间
6	新闻出版署	出版物批发市场管理暂行办法	新出发〔2000〕967号	2000-7-27
7	新闻出版署	关于修订《新闻出版署出版物鉴定规则》有关条文的通知	新出办〔2001〕30号	2001-1-9
8	新闻出版总署	关于加强教材发行管理工作的通知	新出发〔2001〕1229号	2001-8-24
9	新闻出版总署、国家版权局	关于加强版权统计工作的通知	新出联〔2002〕11号	2002-4-29
10	新闻出版总署	关于规范新闻出版业融资活动的实施意见	新出办〔2002〕715号	2002-6-3
11	新闻出版总署	关于进一步加强社会文化生活类报刊管理的通知	新出办〔2002〕719号	2002-6-3
12	新闻出版总署	关于印发《关于推进和规范出版物发行连锁经营的若干意见》的通知	新出发〔2002〕886号	2002-7-25
13	新闻出版总署	关于印发《关于抓紧制定出版物发行网点设置规划的意见》的通知	新出发〔2002〕888号	2002-7-25
14	新闻出版总署	关于印发出版集团组建基本条件和审批程序的通知	新出办〔2002〕913号	2002-8-2
15	新闻出版总署	关于印发《印刷企业年度核验工作的指导意见》的通知	新出印〔2003〕1142号	2003-10-24
16	新闻出版总署	关于加强音像制品年度出版计划备案工作的通知	新出发〔2003〕431号	2003-12-1

续表

序号	发布机关	文件名称	文号	发布时间
17	新闻出版总署	关于调整专业技术人员职称评聘计算机应用能力要求的通知	新出职改〔2004〕001号	2003-12-18
18	新闻出版总署	公告（36项行政许可事项）	2004年第1号	2004-7-15
19	新闻出版总署	关于对《出版物市场管理规定》中有关从业人员资格问题解释的通知	新出厅〔2005〕8号	2005-1-10
20	新闻出版总署	关于印发《新闻出版总署信息报送管理办法》等3个文件的通知	新出厅字〔2006〕175号	2006-7-3
21	新闻出版总署、国家工商行政管理总局	关于禁止报刊刊载部分类型广告的通知	新出联〔2006〕11号	2006-10-18
22	新闻出版总署、国家版权局	公告（行政执法依据目录）	2006年第1号	2006-12-15
23	新闻出版总署	关于印发《全国印刷统计报表制度》、《新闻出版企事业单位财务状况与经营成果统计报表制度》、《全国出版物发行统计报表制度》、《全国版权管理和版权贸易统计报表制度》的通知	新出厅字〔2006〕359号	2006-12-25

续表

序号	发布机关	文件名称	文号	发布时间
24	新闻出版总署	关于新闻和出版专业职称评聘工作中有关外语水平要求的通知	新出职改〔2007〕101号	2007-5-29
25	新闻出版总署	关于下发《新闻出版总署贯彻落实中央两办〈关于加强网络文化建设和管理的意见〉的工作方案》的通知	新出厅字〔2007〕311号	2007-11-9
26	新闻出版总署	关于印发《经营性图书出版单位等级评估办法》的通知	新出图〔2008〕708号	2008-6-17
27	新闻出版总署	关于在中央重点新闻网站试点核发新闻记者证的通知	新出字〔2010〕325号	2010-7-23
28	新闻出版总署	关于严格规范内部发行报刊及连续性内部资料性出版物市场秩序的通知	〔2010〕新出明电29号	2010-9-28
29	国家新闻出版广电总局	关于开展新闻采编人员岗位培训的通知	新出字〔2013〕333号	2013-9-25
30	国家新闻出版广电总局	关于进一步规范出版境外著作权人授权互联网游戏作品和电子游戏出版物申报材料的通知	新广出办函〔2014〕111号	2014-4-18
31	国家新闻出版广电总局	关于印发《国家新闻出版广电总局新闻出版政府信息公开实施办法》的通知	新广出办发〔2014〕155号	2014-12-30

续表

序号	发布机关	文件名称	文号	发布时间
32	国家新闻出版广电总局	关于印发《行政审批办理时限暂行规定》的通知	新广出办发〔2015〕33号	2015-3-30
33	国家新闻出版广电总局	关于印发《内部资料性出版物准印证》样式的通知	新广出办函〔2015〕143号	2015-5-6
34	国家新闻出版广电总局	关于印发《国家新闻出版广电总局（国家版权局）新闻出版行政许可工作规程》的通知	新广出办发〔2016〕45号	2016-5-27
35	国家新闻出版广电总局	关于印发《新华书店社会效益考核评价办法》的通知	新广出发〔2016〕75号	2016-11-15

■ 附录 5

出版合同示例

图书出版合同

甲方：

著作权人：

地址： 邮编：

工作单位： 电话：

乙方： 电话：

地址： 邮编：

作品名称：

作者：

著作方式：

甲乙双方就上述作品的出版达成如下协议：

第一条 甲方授予乙方在合同有效期内，在中国（含港澳台地区）以图书形式（包括纸质图书、电子图书）独家出版发行上述作品中文简体版和中文繁体版的专有权利（含图书版式权、信息网络传播权及转授权）。甲方同时免费授权乙方为上述作品的宣传推广在网络、报纸、杂志等媒体转载、摘录、连载上述作品的部分内容。

第二条 根据本合同出版发行的作品不得含有下列内容：

（一）反对宪法确定的基本原则；

（二）危害国家统一、主权和领土完整；

（三）危害国家安全、荣誉和利益；

（四）煽动民族分裂，侵害少数民族风俗习惯，破坏民族团结；

（五）泄露国家机密；

（六）宣传淫秽、迷信或者渲染暴力，危害社会公德和民族优秀文化传统；

（七）侮辱或者诽谤他人；

（八）法律、法规规定禁止的其他内容。

第三条 甲方保证拥有第一条授予乙方的权利。因上述权利的行使侵犯他人著作权的，甲方承担全部责任并赔偿因此给乙方造成的损失，乙方可以终止合同。

第四条 甲方的上述作品（包括文字、图片等全部内容）含有侵犯他人名誉权、肖像权等人身权的内容，或侵犯他人著作权、商标权、专利权等知识产权的内容，或虚假信息，或诽谤、侮辱他人及侵犯他人其他权利的内容，甲方承担全部责任并赔偿因此给乙方造成的损失，乙方可以终止合同。

第五条 上述作品的内容、篇幅、体例、图表、附录等应符合出版要求。乙方要求上述作品定稿实际字数（　　）万字，文字、图表、附录等全部内容不得侵犯他人著作权。

第六条 在合同有效期内，未经双方同意，任何一方不得将第一条约定的纸质版图书权利许可第三方使用。如有违反，另一方有权要求经济赔偿并终止合同。一方经对方同意许可第三方使用上述权利，应将所得报酬的（　　）%交付对方。

第七条　乙方尊重甲方确定的署名方式。乙方如需变更上述作品的名称，对作品进行实质性修改、删节，应征得甲方同意。

第八条　上述作品由乙方审校。甲方应在每一次收到校样的（　　）日内修改签字后退还乙方。如因乙方未按期审校影响出版时间，乙方承担相应责任。因甲方修改造成版面改动10%或未能按期出版，甲方承担改版费用或推迟出版的责任。

第九条　甲方交付的稿件未达到合同第二条、第五条约定的要求，乙方有权要求甲方进行修改，如甲方拒绝按照合同的约定修改，乙方有权终止合同。如甲方同意修改，但反复修改后仍未达到合同第二条、第五条的要求，乙方有权终止合同。

第十条　上述作品首次出版（　　）年内，乙方可以自行决定重印。首次出版（　　）年后，乙方重印应事先通知甲方。如果甲方需要对作品进行修改，应于收到通知后（　　）日内答复乙方，否则乙方可按原版重印。

第十一条 上述作品首次出版后（ ）个工作日内，乙方向甲方赠样书（ ）册。甲方不申明保留原稿，作品出版（ ）个月后原稿由乙方自行处理。

第十二条 在合同有效期内，甲方如需第三方出版包含上述作品的选集、文集、全集的，须取得乙方书面许可。在合同有效期外，乙方出版包含上述作品的选集、文集、全集或者许可第三方出版包含上述作品的选集、文集、全集的，须另行取得甲方书面授权。

第十三条 双方约定的其他事项：

（一）本书以单本形式出版（封面、版式单独设计、单独定价）；成书规模为（ ）开本，封面用（ ）克铜版纸四色彩印，内文用（ ）纸黑白印刷。

（二）甲方于（ ）年（ ）月（ ）日前提交齐清定书稿，乙方于收到上述书稿（ ）个月内出版该图书。

第十四条 双方因合同的解释或履行发生争议，由双方协商解决，协商不成甲乙双方均可申请仲裁或提起诉讼。

第十五条 本合同的变更、续签及其他未尽事宜，由双方另行商定。

第十六条 本合同自双方签字（单位需加盖公章）之日起生效，有效期为（ ）年。

第十七条 本合同一式两份，双方各执一份为凭，涂改无效。

甲方： 乙方：

甲方授权代表： 乙方授权代表：

年 月 日 年 月 日

■ 附录 6

其他选题表示例

选题表示例1

<table>
<tr><td colspan="4">中文书名：</td></tr>
<tr><td>著述语言：
□中文
□英文 □其他：</td><td>附配：
□CD-ROM
□VCD □DVD □
其他：</td><td>估计字数
（千字）：</td><td>交稿日期：</td></tr>
<tr><td colspan="4">如为本版书的非第一版次，本版次所做的重要修订内容请在“内容简介”栏内加以介绍。
作者较前一版次 □无变化 □有变化</td></tr>
<tr><td colspan="4">图书类别
□学历教育教材 □考试与培训教材（名称）
教材属性：□教材 □教辅 □教参
（读者层次：□研究生 □本科生 □大专（高职）
□中专（中职） □中小学 □幼儿 □其他）
（课程属性：□公共基础课 □专业基础课 □专业课
□其他）
（适用专业： 适用课内学时数： 学时：
本校的选用量： /年）
□专业图书</td></tr>
</table>

续表

类别：☐学术专著　☐工具书　☐高端专业图书　☐高级科普 ☐应用普及类图书　☐论文集　☐其他 ☐大众读物
主要作者资料（请按将在书中出现的作者排名方式排序） 主要作者年总用量：______册，估计能用______年 第一作（译）者通信地址　　　　　　　　邮编
内容简介
目录
备注 作者签名

选题表示例2

书名		是否视频书	
类别		是否单行本	
丛书名		新丛书	
营销类别		实常书	
内部分类		修订版	
作者译者		作者署名	

续表

估计字数		修订版	
出版社名		合作出版社	
教材		需学术著作	
书稿情况		版权引进	
预计发稿		版权是否适合输出	
重点选题		国家社科基金项目	
选题特点			
读者对象分析			
选题简介			
选题送审备案			
目录			
主要作者情况			
姓名		年龄	
性别		著作方式	
工作单位		职务	
国籍		学历	
通信地址		电话	
作者简介			

后记

这是一本偏重功能性的书，写作的缘由也很简单，因为长期跟各大高校的老师、学者接触，比较了解他们发表成果时的困惑和需求，于是我就将这些问题汇总、梳理并提供相应的解决方法，逐渐积累形成了本书的素材。

在学术研究中，一夜之间取得惊天突破的学者是凤毛麟角，大量学者都在一点一滴地积累与攻坚。正是有了大量学者在各自领域的点滴心血，才能汇聚成推动社会进步的巨大洪流。“良剑期乎断，不期乎镆铘，良马期乎千里，不期乎骥骜。”希望这本不太厚的小书，能够给广大的学者、老师提供一点帮助。

在本书写作的过程中，我得到了很多人支持和鼓励，深受感动并在此再次感谢。由于本人能力和视野的限制，书中如有不尽如人意的地方，也欢迎读者批评指正。

高　栋

2021年12月